班主任新经典丛书 最新版

BANZHUREN XINJINGDIAN CONGSHU

班主任
必备素养与技能

BANZHUREN
BIBEI SUYANG YU JINENG

本套丛书根据班主任工作的实际需求，分门别类地对班主任的专业发展、班级管理、工作方法等方方面面进行了介绍，辅以一线教师的实践案例，为广大教师提供了丰富的参考资源。尤为可贵的是，本丛书注重时代性，研究和解决了一些当前教育情形下的新问题，可谓是班主任教师们新的经典。

BENSHU BIANXIEZU

李飞　本书编写组◎编

世界图书出版公司
广州·北京·上海·西安

图书在版编目（CIP）数据

班主任必备素养与技能／《班主任必备素养与技能
》编写组编 . —广州：世界图书出版广东有限公司，2010. 11（2024.2 重印）
ISBN 978 - 7 - 5100 - 2999 - 8

Ⅰ. ①班… Ⅱ. ①班… Ⅲ. ①班主任 - 修养 Ⅳ.
①G451. 6

中国版本图书馆 CIP 数据核字（2010）第 217525 号

书　　名	班主任必备素养与技能
	BAN ZHU REN BI BEI SU YANG YU JI NENG
编　　者	《班主任必备素养与技能》编写组
责任编辑	李欣鞠
装帧设计	三棵树设计工作组
出版发行	世界图书出版有限公司　世界图书出版广东有限公司
地　　址	广州市海珠区新港西路大江冲 25 号
邮　　编	510300
电　　话	020–84452179
网　　址	http://www.gdst.com.cn
邮　　箱	wpc_gdst@163.com
经　　销	新华书店
印　　刷	唐山富达印务有限公司
开　　本	787mm×1092mm　1/16
印　　张	12
字　　数	160 千字
版　　次	2010 年 11 月第 1 版　2024 年 2 月第 4 次印刷
国际书号	ISBN　978-7-5100-2999-8
定　　价	59.80 元

版权所有　翻印必究

（如有印装错误，请与出版社联系）

"班主任新经典"丛书编委会

主　编

王利群　　解放军装甲兵工程学院心理学教授
周作宇　　北京师范大学教授、教育学部部长

编　委

马世晔　　中华人民共和国教育部考试中心
李功毅　　《中国教育报》副总编
王增昌　　《中国教育报》高级编辑
殷小川　　首都体育学院心理教研室教授
张彦杰　　北京市教育考试院
魏　红　　北京师范大学教务处
刘永明　　北京师范大学继续教育与教师培训学院 副研究员
刘艳茹　　北京市顺义区教育研究考试中心，中学高级教师
刘维良　　北京教育学院教育学教授
杨树山　　中国教师研修网执行总编
肖海雁　　山西大同大学心理系主任，教授
张兴成　　西南大学（原西南师范大学）副教授
南秀全　　湖北黄冈特级教师
方　圆　　北京光辉书苑教育研究中心研究员

序　言

　　随着教育改革的深入和学校教育活动越来越丰富多样，班主任在学校中所担当的角色也越来越多，新时代对班主任提出了"全能"的要求。顾名思义，"全能的班主任"就是指班主任要成为一个全面发展的人，能够在学生发展的各个方面都能提供帮助。班主任应该是爱的传播者，班主任要成为学生的知心朋友，成为全体学生的领路人，成为学生的心理医生；班主任应该是班级的建设者，要成为班级文化的设计师，成为班级纪律的管理员，成为班级成员的评判者。班主任还应该是自我实现的人，班主任要做一个管理者、教育者、研究者，班主任要在成全全体学生的同时，要实现自己的专业成长和个人价值。

　　换而言之，要成为一个"全能的班主任"，需要扮演好以下的几个角色：

一、学生的知心朋友和领路人

　　班主任爱学生，成为学生的知心朋友，是做好各项工作的前提和基础。为此，班主任对学生必须真诚、平等，要经常站在学生的角度，设身处地为他们着想。

　　"领路人"的角色，意味着班主任的一言一行都会影响到全体学生。班主任一定要保证自己是"朝着正确的方向行走"，这样师生一路结伴而行，才会成为有意义的事情。

二、学生的心理医生

　　班主任应像心理医生那样和蔼可亲，细致入微地体察学生的内心世界。为此，班主任必须熟悉心理学，学会综合运用心理学和心理咨询的方法，帮助学生分析、解决面临的各种问题及心理障碍，注重培养学生的社会适应能力。

三、班级的建设者和管理者

班级的组织、制度、文化建设，都是至关重要的，尤其是班级文化对学生的教育力和影响力非常巨大。班主任除了注意班级目标、班规班纪、管理机制、竞争机制、教室美化、活动开展这些方面的建设和管理，还要把重点放在积极向上的班风班貌、合作进取的团队精神等的营造上，使每一个班级成员都受到熏染和浸润。

四、评判者和沟通者

班主任在学生心目中却有着较高的威信，这种威信常体现在他的"裁判"角色中。学生之间发生冲突或争执，甚至是对某个问题存在争论，他们都会找到班主任这里来"评理"。班主任要通过评判，引导学生建立起认识问题的正确思维方法和正确的价值体系。另外，班主任也应该是使学校教育、家庭教育、社会教育相一致、相配合的枢纽和桥梁。

五、研究者和自我实现者

如何按照教育规律和儿童身心发展规律，积极有效地教育好学生是一项非常复杂的工作。这就需要班主任在自己的实践中，注重观察，仔细分析研究，努力探索班级管理和教育的规律，不断总结具有学术价值和实践意义的理论与经验。班主任的研究过程，本身就是一个实现自我专业成长的过程，是一个自我价值实现的过程。

现实的情况是，有的班主任能够顺应教育发展趋势，及时改变自己，很好地适应了新背景下的工作要求，而有的班主任却思维僵化，教育教学方法不能与时俱进，或者是虽然有意改变自己，但转变过于缓慢，成为一个落伍者；另外也有一些新入职的班主任，对班主任工作缺乏足够的了解，工作能力也亟需提高。

鉴于此，我们对新背景下班主任应该具备怎样的素质，进行了一次梳理，组织专家编写了这套"班主任新经典"丛书。我们的希望是，班主任能够在阅读中汲取营养，在实践中不断提高自我，最终成长为一个"全能的班主任"。

目录
contents

引　言

　　班主任必备的素养之一就是要有爱心，要有全心全意为学生、为教育事业奉献的精神。任何职业里都讲求奉献，因为没有奉献与付出就谈不上回报；但没有哪个职业像教师职业那样需要特别强调奉献。我们常说的"春蚕到死丝方尽，蜡炬成灰泪始干"的精神，就是教师奉献精神的最好写照。作为教师的一份子，班主任越发需要奉献，只有奉献于教育事业，将爱心施与学生，班主任才可能实现自身价值。

　　从班主任的奉献与爱中，延伸出班主任必备的又一素养，那就是要掌握对学生爱的艺术。班主任不能仅仅满足于拥有爱心，乐于奉献，还应该知道怎样去表达爱、释放爱，让学生感受到爱的温暖，让学生主动投入教师爱的怀抱，同时要让自己的爱不断获得延续。

　　班主任还必须具备一定的耐心，要明白与教育连在一起的是责任。只有真诚付出，对学生给予充分的理解与信任，对于学生在学习过程中出现的各种问题抱着宽容的态度，班主任才算得上是真正的合格。

　　如果说班主任的素养是内在的东西，那么技能就是班主任进行实干的外在条件。除了具备必需的素养，班主任做好各项工作的具体技能则是更为迫切需要掌握的内容。班主任需要掌握的技能可谓不可胜数，班集体的建设、班级活动的开展、班级的常规管理、班级文化建设、学生心理健康教育、学生个别教育、校外教育力量整合、学生评价机制的建立……这些都需要班主任拥有相应的技能。

　　需要特别指出的是，班主任应该具备的素养和技能之间，并没有绝对的界限，有些素养本身就是一种技能，有的技能则需要相关素养的支撑作为条件，素养和技能的关系，颇有些"你中有我，我中有你"的意味。当然了，班主任应该具备的素养和技能，绝不仅限于此处列出的这些，只不过其他方面的素养和技能，与这些已经给出的一般都有着或多或少的联系，或是有许多相似之处。

第一章

奉献与爱

　　教育中有一个永恒的主题，那就是爱。对于班主任而言，没有爱心，就谈不上为人之师；没有爱心，连教育可能都无法存在。教师中有一条永恒的精神，那就是奉献。对于班主任而言，没有奉献精神，爱就没有生发的源头；没有奉献精神，教育就会变成干裂的土地，无从谈起收获。

　　只有奉献与爱，班主任才能在育人的同时对学生做到尊重；只有奉献与爱，班主任才能做到公平而无私；只有奉献与爱，班主任才能懂得赏识学生，造就学生美好的明天。

第一节　爱心的本质是奉献

爱心是人类交流情感的美好而无形的工具，当然也同样适用于班主任与学生之间。然而，班主任的爱心却不同于一般人与人之间的爱心。班主任对学生要有爱心，这是班主任基本素养与技能的核心与本质特征。作为班主任，必须明确班主任爱心的本质是奉献，这一点不同于父母之爱、朋友之爱，以及夫妻之爱。

班主任的爱不似母爱般血浓于水，不同友爱般要求回报，不像情爱般占有欲很强，它是一种更高层次的爱，是所有爱的升华。无私奉献就是这种爱的本质体现。

母爱、友爱和情爱都体现出一种功利性，他们的付出都是希望得到回报的，而班主任对学生的爱是只求"给予"，不求"所得"的爱，是无私的。也正是班主任的这种大公无私的道德觉悟和精神境界，成就了一个个学生的成功，成就了教育事业。

1. 班主任的爱不同于父母之爱

通常情况下，父母无论怎样打骂孩子，孩子通常都不会计较，或者很快会忘记。可是老师要是过分地批评学生，学生总能记得很长时间。同样是爱，为什么会产生这样截然不同的结果呢？这就是师爱有别于父母之爱的地方。

班主任是学生在学校中的主要负责人，有人将班主任定位为学生在学校的"代父母"，这充分说明了班主任在学生心目中的地位和影响。将班主任定位为"代父母"，是对班主任的要求，它要求班主任用对待自己孩子的心胸和情感关注学生的成长。但"代父母"不等于父母，班主任对学生的爱也不等同于父母对孩子的爱。

母爱是一种以血缘、亲情为纽带的爱，是一种自然情感，不受理论的约束和指导，因此常常表现出盲目性和随意性。在现实中，由于父母对学生的溺爱而导致孩子走上不归路的例子也时有发生，这种爱就是一种不理智的爱。"望子成龙"、"望女成凤"，这种把子女当作自己的私有财产，对子女的期待或多或少都有点功利性。相对而言，班主任对学生的爱则是一种在教育教学理论指导基础之下的，既有严格要求，又有关爱的，理性的、科学合理的爱。

这种爱更多地表现为一种无私的、崇高的教育思想和教育精神，在班主任的爱中含有着对学生明确的教育意义。学生是祖国的未来，是未来社会的建设者和接班人，将来是要承担社会责任和义务的公民，把学生培养成具有正确的人生观、价值观和世界观，培养成具有建设祖国未来能力的公民是班主任的职责。因此，班主任的爱不同于母爱，它具有明确的教育意义，是以祖国事业为自己工作职责的奉献的爱。

2. 班主任的爱不同于友爱

友爱是一种朋友间互相扶持、帮助的情感。换句话说，友爱是朋友之间以某种利益关系而联系在一起的。常言道："世界上没有永远的朋友，也没有永远的敌人，只有永远的利益。"不论这句话是否有理论依据，但是它却反映了友爱是需要回报的，不是无私奉献和不求回报的。比如，同学之间的友爱之情，往往是在彼此认识与沟通中逐步形成的感情，它使同学之间出于共同目的走在一起，加之拥有共同兴趣爱好而走得更近，变得更加亲密和友好。因此，同学之间在学习上、生活上互相帮助，使得彼此都能从中获益，从而建立朋友之情。同时，只有双方持续不断地付出，才能让友情持续下去。可见，友爱是相互的，不是单方面的付出，这种相互性就说明友爱是有回报性的。

与友爱相比，班主任对学生的爱是无私的爱，是不求回报的爱。班主任与学生之间永远没有利益关系，是世界上最纯正的关系。班主任对学生无私的爱源于对教育的爱，源于崇高的历史责任感和使命感，这也是班主任高尚人格的体现。因此，班主任的爱体现了爱的最本质意义，它不要求学生的付出，也不向学生索取回报，是班主任自身心甘情愿给予的爱，是对教育信念和教育理想的崇高追求。自古以来，就有很多赞美教师的诗句：有把教师比作红烛的"燃烧了自己，照亮了别人"，有把教师比作春蚕的"春蚕到死丝方尽"……这些都是对班主任之爱的最好的诠释。

3. 班主任的爱不同于情爱

情爱是一种以男女双方的感情为基础的爱，情爱是一种具有很强占有欲的、专一的、自私的爱。也就是说，情爱是特定的男女双方彼此吸引，在不断接触、相互了解的过程中产生的情感。由此，情爱具有对象的特定性、情感的专一性等特点。

与情爱不同的是，班主任的爱是无私的、博大的，它不是一对一的。班主任的工作特点决定了班主任不可能只面对班级中的某一学生个体，仅仅关注其中的一个学生。相反，班主任要面对的是来自不同家庭背景、学习能力各不相同的学生，这就要求班主任必须关注所有学生，要一视同仁，不能差别对待。班主任的爱应像阳光雨露般时刻沐浴、滋润着每个学生的心田，让每个学生感觉到学校、班级生活既温馨又充实。

班主任的爱是一种博爱，是班主任班级管理、教育学生的助推器和兴奋剂，也是通向学生心灵的理想驿站。爱的力量是无限的，在班主任爱的教育下，所有学生都能够循着自身的发展规律，向着各自的发展目标迈进。

第二节　全面地关爱学生

"捧着一颗心来，不带半根草去。"这是教育家陶行知的真挚感言。怀爱于心是对班主任职业道德的要求，体现在班主任平时工作的一言一行中。班主任爱心的培育势必要求班主任将爱置于心中的重要位置，不可忽视，也不可剥夺。爱是人类最美丽的语言，班主任的爱是照亮学生心灵窗户的一盏盏烛光，班主任的爱心是成功教育的原动力。只有心中有爱，才能拥有一颗诚挚的爱心。

班主任对学生的关爱是师生交往中的黏合剂，是沟通师生心灵的桥梁，是创造师生和谐关系的纽带，也是班级工作的重要基础。前苏联教育家苏霍姆林斯基曾经说过："热爱孩子是教师生活中最重要的东西。"关爱学生，是班主任职业道德的核心和精髓，班主任只有爱学生，才能教育好学生，才能使教育发挥最大限度的作用。

马斯洛的需要层次理论表明，每个人都有爱的需要。对于学生而言，期望得到别人，甚至是班主任的爱，既是他们本能的需要，也是他们人性健康发展的重要因素。关爱学生更多的是一种对学生含有责任感和对他们成长寄以良好期待的态度和行为。

班主任的爱，应该具有全面性的基本特征。班主任爱心的全面性主要包括对学生各个方面的关爱和对所有学生的关爱。这是指不仅要关心学生的学习，更要从多方面关心学生的成长，也就是关爱学生的所有方面；同时要求班主任要关爱所有的学生。

1. 关爱所有学生

班主任关爱学生，首先要关爱所有的学生。学生的学习能力不同，学习成绩有差异是正常的，但都是祖国未来的建设者和接班人，班主任没有

7

理由，也不能只爱少数成绩好的学生。也就是说，教师不能在学生面前表现出偏爱。人人都喜欢乖巧可爱、学习成绩又好的学生，但在学生面前过多地夸耀个别学生，是对大多数学生的一种伤害。正如前苏联教育家马卡连科所说，"教师应该充满着对每一个他要与之打交道的具体的孩子的爱，尽管这个孩子的品质非常败坏，尽管他可能会给教师带来很多不愉快的事情。"教师要相信每一个学生都有进步的需要，特别对后进生，要给予更多的关心和爱护。

爱是后进生前进的催化剂，关心和尊重是打开后进生心灵的钥匙。后进生往往在学习活动中受到刺激，自尊心受到压抑，陷入自卑情绪之中。面对这些学生，教师要表现出极大的耐心，千万不能产生急躁情绪，对他们放任自流。对他们首先要在思想上启迪开导，生活上关心爱护，学习上耐心引导。只要我们满怀爱心，给后进生多一点理解和尊重，多一点信任和支持，多一点表扬和鼓励，多一点温暖和体贴，爱与严有机结合，就能使他们"亲其师，信其道"，心悦诚服地在愉快的心境中去学习与成长，消除自卑心理，主动学习，逐步转化。同时教师要仔细研究各类学生的特点，采取最佳的教育方式，走进学生的内心世界，用自己的真诚去赢得学生的信任，与他们交朋友、谈心，以关怀、温暖之心去爱护每一位学生，从而赢得学生的亲近和崇敬。

2. 关爱学生的所有方面

关爱学生，不仅要关爱所有的学生，而且还要关爱学生的所有方面。不能仅局限于学生的学习，学习是学生的主要任务，但对学生其他方面的关爱也不能忽视。现代社会要求每一位学生不仅要有良好的思想道德、广博的科学文化知识，而且还要有强健的体魄和健康的心理素质。因此，教师对学生的关爱要包含学生的各个方面。

"尖子生"的心理与他们的成绩并不成正比，因此班主任要关注他们的各个方面。"尖子生"往往因为自己的优秀而获得班主任更多的注目，班主任也会因为"尖子生"的优异而倍感自豪。但高处不胜寒，"尖子生"在得到关注的同时也承受着很多的压力。特别是处于竞争激烈的环境时，

"尖子生"有着很强的危机感，偶尔的失误有时候会使他们失去信心，甚至否定自己。在这种情况下，班主任要多关注学生的心理健康，而不只是学习成绩的好坏。

备受班主任关注的"尖子生"都会出现问题，他们需要班主任关注的同时，需要得到爱护，需要班主任细心地呵护他们的心灵。而对于平时不受班主任关注的学生而言，在班主任吝啬给予关注的情况下，内心是多么渴望得到关爱。班主任要细心、耐心地读懂每一个学生，从各个方面关爱学生。

平等可以营造融洽的氛围，爱心可以使枯木复苏。爱，是教育的重要基础，教师应时时处处为学生着想，对待学生的困难，要尽力帮助，真诚地关爱、体贴他们，使学生感受到老师的关爱，人间的温暖。虽然教师不可能将自己的精力在同一时期平均分给每一个学生，但只要教师心中装着全体学生，用心去关爱每一位学生，就一定能够发现学生身上潜藏的智慧和创造力，就一定能够把班级管理好。

第三节　育人的同时不忘尊重

　　教师职业是一种特殊的职业，其特殊之处就在于它的育人性，即它是以育人为根本宗旨的职业。班主任是学生在学校中接触得最多的人，是学生效仿、学习的直接对象，相对于其他教师而言，班主任的工作就更加具有育人的特征和意义。班主任的工作对象是一个个生动、变化着、有思想的学生个体，班主任的职责就是要把未成年人培养成为社会所需要的、有鲜明个性的人才。这就要求班主任付出极大的爱心、耐心和钻研精神，科学地进行教育教学活动，帮助学生健康成长。

　　心理学的研究发现，学生有着强烈的"向师性"，特别是小学生的向师性更强。学生的"向师性"是指学生对教师有着特殊依赖感的心理状态，都有模仿、接近、趋向于教师的自然倾向。在现实生活中，经常听到家长抱怨自己的孩子不听自己的话，但班主任说什么他都听，这就是学生"向师性"的表现。因此，班主任的一言一行，无不影响着学生的成人、成才。在教育教学过程中，班主任对学生始终起着熏陶作用，学生的向师性影响着学生的健康成长。班主任的言行举止，都清楚地展现在学生面前，直接影响着学生的心灵。

　　班主任利用向师性的特点，对学生进行教育，但同时应该不忘对学生的尊重。因为很多时候，向师性的产生前提，就是学生感受到教师对自己的尊重。

　　尊重，是班主任教育成功的秘诀。苏霍姆林斯基曾说过："我想告诉你，年轻的朋友，一个极其简单而又极其复杂的教育秘诀，这个秘诀，对于热爱儿童的教师来说很容易掌握，而对于铁石心肠的人却是根本无法理解的。这个秘诀就是：只有教师关心学生的人的尊严感，才能使学生通过学习而受到教育。"而"教学相长"的教育理念更是在无形之中对班主任提出了新的人格要求：尊重自身、尊重学生。

　　班主任是班级的管理者，是一个班集体的灵魂。相对于其他教师而言，班主任与学生的接触最多，在学生心目中的威信也最高，班主任的言行对学生有着重要影响。班主任有爱心的前提就是首先要尊重自己，尊重自己的职业，在潜移默化中影响学生。因此，作为班主任，一定要尊重自己，无论是在穿着打扮方面还是在言行方面，无论是在教学能力方面还是在个人修养方面，都要起到给学生树立一个榜样的作用，真正做到为人师表。

　　班主任对学生的尊重主要有以下几个方面：

1. 尊重学生的自尊

　　尊重学生的自尊是班主任对学生尊重的核心。处于成长期的学生的自尊心十分敏感和脆弱，易受伤害，需要细心呵护。班主任是学生自尊的直接保护者。班主任对学生发自内心的呵护和尊重，要来自班主任灵魂深处的尊重与信任，从而使学生能够在一种健康、自由、愉快的环境中接受教育、自觉学习。呵护好学生的自尊心，能够激发学生学习的兴趣，能够帮助学生塑造出完美的人生。

2. 尊重学生的情感

　　尊重学生的情感与尊重学生的自尊有着同样重要的作用。学生只有在健康良好的情感状态下，才能安心接受教育。班主任采用专制、冷酷、高压式的管理方法，极易使学生产生紧张、焦虑、忧郁、恐惧等负性情感，会对学生的学习、生活、个人感受、师生关系和班级管理产生很大的影响。因此，班主任要努力与学生建立良好的、合作式的、愉悦的、相互信任的和亲密的情感关系。对学生的情感表现多理解、多宽容、多尊重、多支持与多帮助，使每个学生的情感都能得到应有的尊重与健全的发展。

3. 尊重学生的个性

　　正如世界没有两片一模一样的树叶一样，每个人都是作为独一无二的个体而存在在世界上。因此，班主任要尊重每个学生的个性。尊重学生的个性就是指班主任要引导学生个性的健康发展，而不能因为追求升学率等外在因素牺牲了学生的个性。学校不是教育产品的生产场所，班主任更不是产品的生产者。每位学生都有自己的兴趣爱好，都有自己的特长，班主任要根据学生的差异，尊重学生的个性，尊重学生的兴趣和爱好，帮助学生完善个性发展，把学生培养成为对社会有用的人才。

4. 尊重学生的创新

创新能力是现代人应该具备的最主要的素质。我国传统的应试教育一味地讲求整齐划一，忽视学生的个性，单一的人才培养模式禁锢了学生的创造性。而现代的素质教育就是对学生创新能力的尊重。尊重学生的创新，班主任应鼓励学生善思多问，允许学生说错做错，尊重学生对教师提出的意见，鼓励学生从多个不同角度思考问题，从而发现新问题，提出新问题等，营造一个宽松愉快的学习氛围。

当学生有新思想时，班主任要善于引导，尽管有时候学生的创新显得有些幼稚，班主任也要鼓励、保护好学生的创新意识，给学生自信，决不能挖苦嘲笑。学生具有丰富的想象力，勤于思考，敢于怀疑，敢于探索，这是他们的天性，班主任要保护学生的这种天性，而不是扼杀，要想办法开启学生智慧的大门。在学生有新想法、新问题时，班主任要尊重学生的想法，要给学生动手的空间，并给予适当的帮助。

第四节 无私而公平地付出

班主任的爱是主动地给予的，具有无私性，这是由班主任爱心的本质决定的。班主任的爱应具有高度的责任感，而不是个人的喜好，应是出自社会的需要，出自对教育事业的热爱。正如前苏联教育家赞科夫所说："对学生的爱，首先应当表现在教师毫无保留地贡献出自己的精力、才能和知识，以便在对自己学生的教学和教育上，在他们的精神成长上取得最好的成果。"可见，无私性的核心是献身精神，具有彻底的无私奉献精神，是班主任爱心的一个基本特征。

班主任爱的无私性并不是指班主任为了工作不计所得，而是班主任这一职业崇高的精神境界的体现。历史上有很多这样的教师，人民教育家陶行知就是一大典范，他以实际行动向我们展现了无私奉献的崇高境界。"两袖清风"、"捧着一颗心来，不带半根草去"……这些话语都是对班主任爱的无私性的深刻诠释。

班主任爱的无私性，还需要公平作为支撑。缺乏了公平的师爱，即使无私，也是没有意义的。班主任能否公平地对待每一个学生，能够反映出他的师德水平到底如何，同时也是学生是否产生不公平感的"问题源"。因此，班主任对待学生必须一视同仁：班干部和普通学生一个样，成绩优秀生和后进生一个样，农村学生和城市学生一个样，等等。只有这样，学生才会有公平感，才会有利于学生身心的健康成长以及班级工作的顺利开展。班主任对学生无私而公平地付出需要注意以下几点：

1. 正确看待学生，树立公平意识

首先，班主任要树立公平对待学生的意识，也就是要树立正确的学生观。班主任的学生观是指班主任在管理班级过程中如何认识学生和对待学

13

生的一种观点与看法。班主任要做到公平对待每一个学生，就要把学生看成主体的人、看作发展的人。

联合国《发展权利宣言》明确指出："发展权利是一项不可剥夺的人权"，"人是发展的主体，因此，人应成为发展权利的积极参与者和受益者。"在实施素质教育的过程中，以教师为主导，学生为主体，这是每一个教育工作者所必须遵循的原则。因此，班主任应充分认识到班级管理工作面对的是焕发生命活力的主体，每个主体都享有公平的发展权利。学生是学习的主人，只有唤起学生的主体意识，学生才能主动地学习，主动地发展。在班级管理工作中，只有意识到学生的主体地位，才能以平等的态度对待学生，以学生为主体开展各项工作，充分发挥每个学生的积极性、主动性。

班主任必须意识到每个学生都是发展的个体，每个学生都是动态发展的个体，每个学生都是独立发展的个体。在班级管理工作中，要把人的发展放在第一位，把人的发展作为管理的起点和归宿。当今提倡的以人为本的班级管理就是把发展人作为根本宗旨，关注学生的发展，以学生的发展为本，着眼于学生的全面发展和整体发展。班主任必须全面完整地认识和把握班级管理的对象，将其看作一个有机的生命整体，促进学生生命整体的全面发展。

因此，树立公平的意识，就要把学生看成是具有主观能动性、充满生机和活力的人，也就要相信所有的学生在教师的指导和帮助下都能获得成功。班主任要认识到学生在兴趣、性格、智力、生理等方面的个性差异，从而在班级管理中，善于挖掘学生潜能，扬长避短，引导和帮助他们获得成功。

2. 深入了解学生，关爱学生群体

班主任要关注每个学生的需求、个性、潜能和价值，充分认识和承认个体之间的差异性，尊重学生个性。尽管个体之间有所差异，但每个学生的人格是平等的。班主任在班级管理工作中要把学生看作平等的个体，公平对待每个学生，提供适合个体成长的平等机会，促进每个学生个体的个性获得充分自由的发展。

在班级管理中，存在处境优越的学生，同时也存在处境不利的学生，如贫困生、后进生等。相对来说，处境不利的学生处于劣势地位，容易被班主任所忽视。这就要求班主任给予他们更多的关爱，千万不能忽视他们。这是班主任义不容辞的责任。

现实中歧视后进生仍是班级管理中的普遍现象，主要体现在班主任对待优秀生与后进生的不同态度上。班主任必须消除歧视，坚持"无歧视原则"，不论贫富，男女，正常、残疾，都应该公平对待，不能存在任何歧视或偏见。

赞可夫曾指出："假如你班上有一个学生上课不专心听讲，经常违反纪律，作业总不认真，而且不懂礼貌。这些事情本身不可能让教师对学生有好感。但这些外表后面，可能潜藏着良好品质，有时候还是很重要的品质。对这种'难看的'学生，如果我们真正了解他，教师很可能发现，原来他有一副爱钻研的头脑，一颗体贴和同情别人的好心肠，以及一种异乎寻常的积极性。"对学生施之以爱，就是在深入了解学生的基础上，把师爱施予不同性格、不同水平、不同表现的每个学生身上，使他们在班集体中愉快、健康地学习生活。

3. 公平对待学生，激发学生动力

班主任能否公平地对待学生是学生评价班主任工作好坏的重要标准。公平与不公平属于一种客观现象，公平感与不公平感则属于一种主观的心理状态。班主任对学生的态度、言语、行为，甚至一个不经意的脸色、眼神等，都会成为学生判断公平与否的外部信息。在班级工作中，班主任应巧妙运用某些方法处理班级事件，让学生从中感受到公平。

班主任要根据每个学生的身心发展状况，以不同的要求和方法公平地爱每一个学生，从而在爱心的感化下激发学生的进取精神。只有这样，才能树立班主任在学生中的威信，增强班集体的凝聚力，激发每个学生积极进取的精神，使学生在班集体中健康成长。

公平地对待每一个学生，公平地关爱每一个学生，是师德的灵魂，也是班主任爱学生的最高境界。公者无私,平者不偏。古人所说的身正为范,"正"的重要内容之一就是因材施教,认真负责地对待每一位学生,使每一个学生都得到提高,都能够获得成长与进步,这才是教育的真正公平。

第五节　赏识你的学生

在班级中，班主任既是管理者，又是教育者，其工作的对象是有思想、有情感、有个性的活生生的人，是正在成长的一代新人。这就更加要求班主任深信每个行为后面皆有正向的目的，人在有选择余地时皆会为自己做最佳选择。因此，班主任在对学生进行教育时，要运用平等的态度、温和的语调等取得学生的信任，让学生在感受到班主任爱的同时得到教育。班主任对学生的教育中，必须掌握赏识的艺术。

赏识，是班主任倾注在学生身上的希望，是班主任的一种宽容与博大的情怀，是班主任高尚人格的外在表现之一。

赏识，赏含有欣赏赞美之情，识则是肯定认可。赏识是精神生命的阳光、空气和水分，它体现的是对人的尊重，对生命的尊重。"赏识"理念下的教育强调的是接纳、宽容、和谐和幸福。爱，需要赏识。美国心理学家威廉·詹姆斯有句名言："人性最深层的需求就是渴望别人的欣赏和赞美。"

赏识学生就是注重学生的优点和长处。班主任作为班级中的主要管理者，要给学生创设宽松自由的成长环境，用欣赏的目光、信任的目光去看待学生，用尊重的话语、赞美的话语去激励学生。要尊重、理解、关注、帮助、支持、赏识学生，使学生感到被接纳、被信任。真正有尊严的班主任，是那些懂得自尊与尊重学生的人。让学生在被尊重中学会尊重，确立做人的尊严与自信。

赏识学生，需要班主任蹲下来与学生说话。班主任要放下架子，以朋友、兄长式的身份与学生平等交流，真诚分享，对所有的学生都能以欣赏的眼光去接受，多发现学生身上的闪光点。

班主任的欣赏能使学生的心理产生快感，学习起来心情愉快，精力旺盛，从而激发个人潜能，使人格得到发展。欣赏同时具有很大的包容性，它承认差异，允许失败，这有利于学生，尤其是一些自我评价低的学生在教学中树立自信心，发现自己的优势，实现自我的价值，完善人格。

赞美是赏识的结果，也是赏识的一种表现方式。每个人都希望自己能够被人关注、被人欣赏、被人赞美，都希望得到别人的尊重，对于中小学生更是如此。一旦得到别人的肯定、赞赏，他们会更加奋发向上，更加渴望成功。因此，作为班主任，一定要充分利用教育资源，在其他学生面前中肯地指出你试图教育的学生的优秀品质，赞美他的行为和思想，让他知道你对他的关注，你对他的关怀，是发自内心的对人的尊重。

同样，对学生的赞美不仅要赞美优秀学生的好的品质，同时也要发现普通和成绩稍差学生的闪光点。赞美学生每一次取得的进步，哪怕他平时表现再糟糕，进步再微小，你也要去赞美，去照亮他的心灵，去照亮每一位学生的眼睛。正如鲁迅先生所说："一滴水用放大镜来看，也是一个大世界。"

"美的东西越赞越多，越赞越美。"班主任要有发现学生闪光点的眼睛，同时要有赞美学生的话语，要把关注点集中到学生的优点上，不能一直挑学生的不足。从来不赞美学生的老师一定得不到学生的喝彩，从来都吝啬给予的教师一定分享不到与学生共同成长的快乐。

赏识要求班主任在倾听的基础上欣赏学生。赏识学生不仅要赏识学生的成功和进步，而且要学会赏识学生的缺点和失误；不仅要赏识优秀学生，同时也要赏识普通学生和班级中成绩较差的学生。在班主任的实际教育过程中，几乎都能够做到对成绩好的学生的赏识，但对成绩不太好的同学的赏识可能就不太能做得到了。其实，成绩不好的学生身上同样具有闪光点，他的成绩不好，但他可能热爱劳动，可能乐于助人，可能按时完成作业……

前苏联著名的教育家马卡连科曾经有这样一句话："用放大镜看学生的优点，用缩小镜看学生的缺点。"为了孩子的进步，必须用"放大镜"来寻找他们身上的闪光点。其实每一个学生都有自己的优点，班主任要用心去了解每一位学生，与他们真诚地沟通交流，听取每一位学生的意见，

捕捉学生身上的闪光点。如果教师不能从内心深处尊重学生，欣赏学生，就不能唤起学生对美好人性的热爱，就不能唤起学生对教育的认同。所以教师不要吝啬于给每个学生信任的目光、鼓励的话语，也许你的一个眼神，一个动作，一句话语就是孩子即将成功的基石。

赏识是一种理解，更是一种激励。就班主任而言，赏识源于内心对学生的呵护，对班主任工作的挚爱。著名教育家陶行知曾说过："教育孩子的全部秘密就在于相信孩子和解放孩子。"从相信学生到欣赏学生，赞美学生，这就是一个潜在的教育过程。

班主任必须用欣赏的眼光看待每一位学生，用赞美的话语鼓舞每一位学生，让每位学生越来越自信，让每位学生都享受到成功的喜悦。

第二章

施予爱心的艺术

　　爱心，需要班主任运用恰当的方法撒向每一个学生，更确切地说，爱心施予需要艺术，需要班主任的亲和与感染、激励与惩戒、说服与信服、公正与坦诚。

　　班主任工作离不开班主任的爱心，可以说，没有爱心就做不好班主任工作。而爱心需要培育，需要班主任正确认识自我、分析自我，也需要班主任正确认识学生、了解学生，还需要班主任正确看待教育，有着对教育事业的美好追求。

第一节 亲和与感染

亲和和感染是爱心的首要条件，也是班主任与学生之间建立良好师生感情的关键。班主任的亲和，可以让师生关系更加亲近；班主任的感染，则可以使教育更有基础和成效。

班主任要让学生感受到自己的爱心，首先要有亲和力。所谓亲和力，在心理学中是指在人与人在相处时所表现出来的亲近行为的动力水平和能力。而班主任的亲和力则是指班主任通过其人格魅力以及关心、爱护、帮助、信任学生等带有感情倾向的行为感染学生、教育学生的能力。具体地讲，"亲"就是热爱之情，体现为爱心、关心、温暖、支持、信任、欣赏、帮助等，"和"就是指协调、和谐，体现在师生关系的适度与合理上。现在许多班主任，特别是担任班主任的新教师，他们为了在学生面前树立起自己的权威和威信，对学生十分严格，对学生没有亲和力，更别说对学生的感染了。

曾经有过关于学生最喜欢的班主任类型的调查，调查的结果显示，具有亲和力和感染力的班主任比较受学生的喜欢。这充分说明了亲和力对学生的影响。

把自己当作是与学生平等的一员，这样的班主任更有亲和力，会更吸引学生，学生也更愿意与班主任沟通，成为平等的朋友，这样的教育效果往往比较好。尤其是年轻的班主任，他们的年龄与学生相近，在思想上与学生相近，容易得到学生的信任，只要与学生建立一种平等的关系，就能够更容易了解学生，在愉快的氛围中培养融洽的师生关系。

作为班主任，与学生亲近是很好的，但一定要把握住一个度，班主任的威信还是要建立的。过度"亲和"，有时候班主任的威信就会降低，这也会带来一些负面影响。班主任在亲和的同时，要建立自己的威信。一个受学生爱戴的班主任，不仅是一个在情感上可以依赖的班主任，而且是在学识、人品上有着威信的班主任。

班主任威信的建立不是靠严厉的语言，班主任对学生的教育不是简单的说教。班主任本身就具有的一种使学生感到尊敬而信服的精神感召力量，这就是班主任的威信。威信与威严不同，前者使人亲而近之，后者使人敬而远之。因此，班主任要在一种合作愉快的氛围中树立起自己的威信，使师生之间既关系融洽又泾渭分明。

实际上，班主任的亲和行为体现了班主任对学生积极的肯定的态度。如果说班主任的威信是决定班主任工作效果的根本因素，那么班主任的亲和力则是影响工作效果大小的关键因素。

著名教育学家马卡连柯曾说："不要以为只有你们与儿童谈话，教育命令他们的时候，才是进行教育，你们在生活的每时每刻，甚至你们不在场的时候，也在教育儿童，你们怎样穿戴，怎样同别人谈话，怎样谈论别人，怎样欢乐和发愁，怎样对待朋友和敌人，怎样笑，怎样读报，这一切对儿童有着重要意义。"

班主任热爱教育事业，对工作认真负责，学生也会端正自己的学习态度；班主任关心爱护学生，像蜡烛一样奉献自己，学生也会敬重班主任，这就是所谓的"亲其师，信其道"。有个赴美留学生对他的幼儿老师说："老师，我至今记得 30 年前那次发烧时，是您用冷毛巾放在我头上，给我削苹果，并安慰我说，我爸爸妈妈在修铁路，没空来看我，现在老师就是我的妈妈……这份真情我一辈子都忘不了。"后来，正是这份真情感召着他，使他毅然回国，也当了一名光荣的人民教师。这就是班主任对学生的感染。

一位作家说到，有一次她偶然蹲下来和孩子一起看风景，意外发现，在孩子的视野里，这世界是多么的不同！这个发现对她启发很大，使她改变了与孩子相处的态度和方式，其实，班主任在与学生进行交流时，同样需要调整自己的态度和方式。班主任在与学生的交流中话多开不见得有效，有时一个动作、一个眼神都能感染学生。

当学生在课堂上捣乱时，班主任提出批评，甚至进行惩罚，这是我们

最常见不过的反应了。但是班主任如果能够用更好的办法去影响学生，用行动来使学生认识到自己的错误，不需要责备，也没有惩罚，那当然是更好的应对。尤其是对于偶尔犯错的学生，有时候你并不总是需要马上进行否定、制止、惩罚，班主任如果能够用自己的行为给学生上课，感染着、教育着学生，同样能够达到目的，让学生认识到自己的错误。学生虽然很小，他们的眼睛却是明澈的，心灵是纯洁的。感人心者，莫过于情。班主任在工作中要注意情的渗透与感化效用，运用多种方法把自己的情感传递给学生，滋润他们的心田。

第二节　激励与惩戒

　　激励和惩戒是班主任教育工作中的重要工具。激励，是班主任给予学生的最廉价却是最真挚、最有意义的礼物，是班主任爱的充分体现。惩戒也是班主任教育学生的一种有效方法，它的目的是使学生明事理，改正错误。

　　激励，就是利用某种外部诱因调动人的积极性和创造性，使人有一股内在的动力，朝着所期望的目标努力前进的过程。我国教育现在提倡激励教育、赏识教育，强调教师要对学生多赏识、多鼓励，主张无批评式的教育。这有利于学生的成长和健康心理的养成。

　　在班主任工作中，容易把表扬当作是激励。其实激励不同于表扬，表扬的作用是激励。对学生的行为一味表扬从不批评，这将会使表扬沦为平常，甚至平常都不如，这样表扬的激励作用就将钝化，起不到激励的作用了。激励是属于精神领域，心灵境界的。

　　班主任要充分发挥激励的作用，调动学生的积极性、创造性。班主任常用的激励方法有榜样激励、目标激励、信任激励等几种。

1. 榜样激励

　　榜样激励是指运用榜样的力量使学生得到鼓舞。榜样是无声的语言，往往无声的语言比有声的语言更有说服力。班主任要给学生找到可以学习的榜样，榜样最好是学生身边的，与学生所处的环境比较相似，这样学生就会觉得有真实感、亲切感、感染力和说服力，也更容易受到激励。这些榜样可以是班级中成绩比较好的学生，可以是道德比较高尚的，也可以是在各方面进步比较快的。例如，班主任可以在每学期开始时，在班级中评选出"学习进步最快奖"、"尊老爱幼奖"、"成绩优异奖"等各个方面表现突出的个人，在班级中树立各种类型的榜样，让学生以榜样为标准进行学习。

2. 目标激励

目标是行为的方向，具有诱发、导向和激励行为的功能。适当地设置目标，能够激发人的动机，调动人的积极性。中小学生的行为大多为自发性的，缺少自觉性。因此，班主任要让学生通过目标的确立激发学生的积极性。班主任在帮助学生确立目标时，要引导学生确立合适的目标，这样才能收到效果。目标制定得太高，学生实现不了，会挫伤学生的积极性，也就达不到激励的作用；相反，目标如果制定得太低，学生一下子就能够实现了，那也达不到激励的作用。

3. 信任激励

信任可以分为工作信任、人格信任、成就信任等。工作信任是指班主任要信任学生，把班级中学生可以做的事情交给学生去做，这一方面可以培养学生的工作能力，另一方面也可以使学生感觉到班主任对他的信任，能够更加认真地把事情做完。班级中的事情都亲历亲为的班主任不是一位善于管理的班主任，聪明的老师从不压抑学生跃跃欲试的愿望，而是鼓励他们独立自主地完成某件事情或某项任务。人格信任是指班主任和学生在人格上是平等的，激励学生更应当对学生予以充分的尊重。班主任要尊重学生的人格和尊严，要鼓励学生的主人翁的意识。成就信任是指班主任要相信每一位学生都是要求进步的、都是可以发展的。班主任要关注学生取得的每一点进步，要及时充分地给予表扬和鼓励。

现在，激励越来越占据教育的主要形式，惩戒性的教育渐渐被人们所遗忘。然而，教育本身就包含着一种惩戒，没有惩戒的教育是不完美的，也是不负责任的。不能因为害怕惩戒而不用惩戒，最主要的是要善于运用惩戒，讲求惩戒的艺术。

一个人在年轻的时候如果不曾受到惩戒，那他在将来的社会里很难面对挫折与失败。而人在一生中，肯定会遇到许多挫折与失败。所以，班主任应该让学生知道：一个人，有了缺点或错误，就要勇敢、正确地去面对，接受应有的处罚和教育，从思想深处认识到自己的缺点与错误，进行反思和借鉴，以便今后可以避免再犯类似的错误。

捷克教育家夸美纽斯认为：在学校教育中犯了错的学生应当受到惩罚。这种惩罚不是要消除他们所犯的错（因为既成的事实无法改变），而是要使他们日后不再犯错。

在英国的一所小学，有一个"捣蛋"学生，他为了看一看动物内脏是个什么样子，就和几个小朋友一起把校长心爱的狗杀了，校长得知后非常生气，但处理方法却令人耳目一新：校长罚学生画一幅人体骨骼图和一幅血液循环图。学生知道自己惹了大祸，便认真地画好了两张图交给了校长。校长见学生认错态度较好，图形画得不错，便免去了这几个学生的处分，杀狗的事就这样了结了。

学生在画图的过程中深深地体会到自己知识的缺乏，从此发奋学习。那位带头杀狗的学生就是后来成为获得诺贝尔奖的解剖学家麦克劳德。这位校长奇特的教育方式，既让学生认识了错误，也保护了他的自尊心和好奇心，使他得到一次学习的机会。

这位校长的做法给了我们这样的启示：班主任要有"大人不计小孩过"的宽广胸怀，稍有错误便给处分的"杀鸡给猴看"的教育方式应该摒弃。惩戒是为了教育学生，惩戒只是手段，教育才是目的。

当然，惩戒不是体罚，它在目的、手段、方式和产生的后果上都与体罚有本质区别，其中最关键的在于，体罚损害了受罚者的身心健康。惩戒是指"施罚使犯过者身心感觉痛苦，但不以损害受罚者身心健康"为原则的一种惩罚方式。惩戒的目的是告诉学生这样做是错的，警醒学生以后不再犯同样的错误。

第三节　说服与信服

说服和信服是班主任教育工作中经常使用的两种教育手段和办法。班主任对学生的爱，很大程度上体现在对学生教育时能够以理服人。

"说"是指言语，"服"是指服从，"说服"是指用言语来让学生服从。班主任在工作中，经常要做学生的思想工作，因此，对学生进行说服教育是班主任经常用的一种方法，也是班主任教育的一条基本原则。

说服教育是班主任爱生的基本要求，也是班主任爱生的表现。班主任通过摆事实，讲道理，帮助学生明确是非，提高认识，转变思想。如果班主任正确地运用说服这种教育方法，就能够改变学生的学习态度。大量事实表明，班主任掌握好说服学生的艺术，有助于提高教育质量。相反，如果班主任不能很好地运用说服，往往会得到事与愿违的效果。

说服不同于压服。压服是班主任运用自己的权威迫使学生服从自己，这是最低级，也是无效的。压服的结果往往是压而不服，或者是口服心不服，不能解决学生的思想问题。压服，只能治标不治本，有时表面上可能学生服从了，改正了，但过一段时间后，学生就又会"旧病复发"。只有通过说服教育才能使学生懂得什么是对的，什么是不对的，为什么应该这样做，为什么不应该这样做，通过与学生分析道理，从而提高学生的思想认识，调动学生的积极性。

说服学生，班主任首先就要了解学生，体谅学生，掌握学生的思想，了解学生的心理状态，这样说服才能达到事半功倍的效果。常言道："浇树要浇根，帮人要帮心。"班主任对学生的说服，要有针对性，要研究被说服者的心理和个性特征。

心理学研究表明，一个人对人或对事的态度是否容易改变，这与他的气质、性格、能力等个性特征都有一定关系。因此，作为班主任，一定要研究掌握每一个学生的特征，在充分了解学生的情况下，有针对性地进行说服教育，这样才能触动学生的心灵。对于不同的学生，班主任要采取不同的说服方法，做到因材施教，一把钥匙开一把锁。那种千篇一律的处理方法，只能是隔靴搔痒，说而不服。

说服教育的方式有很多种，常用的有个别说服教育和集体说服教育两种。个别说服教育主要是针对个别学生在思想、品德、纪律、法治、心理素质等方面存在的问题，用说理的方法，使学生明确是非，愉快地接受教育。集体说服教育是指以不同层次的部分学生或全体学生为对象进行教育。它主要是针对学生在世界观、人生观、价值观所反映出来的普遍存在的认识问题进行说服教育。它可以运用文艺形式召开主题班会、队会，还可以组织学生座谈、讨论，开展辩论等等。

班主任运用说服对学生进行教育时，首先要分析这个问题在班级中是否是普遍现象。如果这个问题对班级大多数学生都有教育意义时，班主任可以采取集体说服的形式。不论是个体说服还是集体说服，在说服教育中，班主任要注意自己的言语。官腔、空话等不切实际的言语不适合对学生进行教育，班主任要做到语言朴实无华，通俗易懂，以情动人，要力争做到"情是深的、心是暖的、语言是感人的"。通过言语和班主任的神情让学生知道班主任这么做是为他们好。这样的说服，学生才能感觉到班主任的亲近，增加了班主任谈话内容的可信性。

在说服的过程中，尊重学生要贯穿于整个过程之中。如果班主任能够和颜悦色地用提问的方式对待学生，并给人以维护自尊和荣誉的机会，而不是命令式的或威胁的语气，那么气氛就是友好而和谐的，说服也就容易成功；反之，在说服时不尊重他人，拿出一副盛气凌人的架势，那么说服多半是会失败的。

说服教育要以理服人，而不是以势压人。班主任在与学生谈话时态度要温和，要以平等的身份和学生交谈，不要板着面孔训斥，要让学生觉得你既是严师，又是挚友，这样的教育才能被孩子心悦诚服地接受。

在说服教育中，班主任的威信起着不可忽视的作用。有威信的教师，他的话有很强的感召力，能打动学生的心灵。他的行动，可以成为"无声

的命令"，对学生起到潜移默化的教育作用。

如果说说服教育是用言语来教育学生的话，那么信服教育则是班主任用自己的行为来感染学生。说服教育有时候会产生说而不服的现象，而信服则是学生对班主任完完全全地服从，心服口服。信服是比说服更高层次的要求。

班主任如何能让学生信服呢？《凭什么让学生服你》这本书的作者关老师说，用"脑"去思考教育，提高自己的教育深度，教育内涵，教育水平，达到让学生佩服的境界。用"心"去理解学生，你给予他们平等与真诚，才会赢得他们不设防的信服，不带有伤害的教育手段，必定会让孩子折服。用"情"去温暖和滋润还不够茁壮的小苗，他们并不是铁石心肠，心被焐热了，也会用真情来回应。

1. 用"脑"

班主任的职业特点决定着班主任必须要有思想，必须不断学习。巴尔扎克曾说过："一个能思想的人，才是一个力量无边的人。"因此，在教育管理中，作为班主任，不能再用"师道尊严"的神威去震慑学生，而是借用自身的素质，对学生产生影响，使学生信服。教育是传播知识的事业，需要班主任拥有渊博的学识。

信息时代的到来，知识的更新越来越快，这就要求班主任要潜心治学，不断"充电"，以孜孜不倦的追求和探索精神，开拓进取，大胆创新，勇于实践，努力使自己具有学者风范，力求博学多才。这样，学生才会"亲其师，信其道"，以师为范，不断成长进步。

2. 用"心"

陶行知先生说过："真教育是心心相印的活动，唯独从心里发出来，才能达到心灵深处。"因此，班主任要用心呵护每一个学生，公平、公正地对待所有学生，建立平等和谐的班级氛围，经常与学生交流，了解学生的心理需要。用班主任的真诚之心换取学生的信服。

3. 用"情"

教育是情感唤起情感的事业，需要教师付出无私的爱。班主任要以海纳百川的胸怀去关爱每一个学生，引领他们健康成长。班主任要平等地对待和热爱每一个学生，不歧视、不体罚、不放弃每一个学生。班主任要注重培养学生的情感能力，要学会与学生交往，沟通感情；要学会角色转化，换位思考；要学会善解人意，真诚相待。这样的班主任才会令学生信服。

第四节 公正与坦诚

爱学生就要公平地对待所有学生,让师爱的阳光均匀地照在每一位学生的身上。因此,公正与坦诚是班主任爱生的主要方法和手段之一。

崇尚公正是人们普遍的心理需求。公正不仅是一种境界,一种品格,一种胸怀,更是一种善良。

班主任平等公正地对待学生是学生共同的心理需求,也是教师职业道德的基本要求。据有关教师人格特征的调查,在学生眼里,"公正客观"被视为理想教师最重要的品质之一。他们最希望教师对所有学生一视同仁,不厚此薄彼;他们最不满意教师凭个人好恶,偏爱、偏袒某些学生或冷淡、歧视某些学生。公正,这是孩子信赖教师的基础。

公正之心,指对人对事公正看待,没有偏私。这是做好班主任工作的保证。有的班主任在学生中威信不高,重要原因之一就是处理问题不公正。看班主任是否公正,每个同学心中都有一杆"秤"。因此,作为班主任,一定要以公正为标尺,对学生一视同仁,没有厚薄之分,既不偏爱好学生,又不歧视后进生,这样的班主任才会深受学生的喜爱,才会具有较高的威望,才能有效地开展教育活动。

作为一个班主任,我们应该知道每个班级总是由优秀生、中等生和后进生组成的,你在不知不觉中宠坏了一半,同时也就失去了另一半。班主任的公正之心尤其体现在对待问题的处理上,不管他是领导干部子女还是普通家庭子女,不管他是优秀生还是后进生,班主任都应公正平等,绝不能因人而异。

班主任在教育、评价学生的态度和行为上,应公正平等,正直无私,不偏袒,不偏心,对待不同智力、不同性别、不同个性、不同亲疏关系的学生,都应一视同仁,公平相待,满腔热忱地去关心热爱每一个学生,从每个学生的不同特点出发，因材施教。特别是在惩罚的情况下，务必要讲究公平，一视同仁。现实中很多班主任会偏心。同样的错误若出现在优等生的身上，他会一语带过。而如果发生在后进生身上，他就要批评或大做文章。其实，这种偏袒往往会使优等生放纵自己，不能正视身上的小缺点小毛病。或许长久地积累下来，小缺点就成了大缺点，小毛病就成了大毛病。这绝不利于优等生的发展和健康成长。

班主任的爱是博大的、公正的爱。喜爱优等生，歧视后进生，是班主任狭隘教育观的表现。因此，班主任在教育和教学工作中应该做到热爱每一个学生，公平、公正地对待每一位学生。特别是后进生，要给予更多的关怀和奉献更多的爱心。其实只要班主任拿出真诚的爱心，就会发现，后进生也有许多可爱之处，也有许多闪光点，不失时机地进行教育指导，使他们重新找回自我，就能促使他们不断进步。

苏霍姆林斯基说过："所谓公正就是尊重与严格要求相结合，在学校生活中，没有也不可能有什么抽象的公正。教育上的公正，意味着教师要有足够的精神力量去关心每一个儿童。"公正与尊重、关心学生是联系在一起的。公正不仅是教师职业道德的要求，更是班主任的一项基本素养和技能，是每位班主任都需要具备的道德品质。有了这种品质，学生才能健康成长，班主任才能得到学生真正的爱戴。

坦诚是人际交往的第一要则，只有双方好好地沟通，对方才能够知道你真实的感受，才可能作出积极的回应。所谓坦诚，通常是指为人处事上表现出坦率、诚恳的态度和行为。坦诚是一种可贵的品格，它对于班主任来说不但有助于树立自己的良好形象，提高自己的威信，而且有助于赢得学生的信赖和尊重，从而有效地推动班级工作的全面开展。

班主任要真心待人，要与学生坦诚相见，以心换心，将心比心。要让学生明白我们是真心为他好，我们管理他是在关心他，爱护他，帮助他。只有坦诚，师生之间的感情鸿沟才会缩小，乃至消除。只有坦诚才能实现师生心灵的沟通和产生情感的共鸣，如水乳交融。

对于班主任来说，坦诚不但是为师者的一种高贵品格，而且还是赢得学生信任和工作支持的秘诀，更是一种高效的工作方法。班主任的坦诚，

主要是要做到以下三点。

1. 坦诚自身的不足

随着信息时代的到来，教师不再是唯一接受知识的来源，学生接受知识的途径越来越多。在现实中，有些班主任为了自己的面子，经常把自己的优点、成就拿出来告诉学生，想以此塑造自己在学生心目中的地位和威信，相反，却对自己的不足避而不提。在这个弟子不必不如师，师不必贤于弟子的时代，如果班主任能坦诚告诉学生自身的不足，学生不会取笑班主任，反而会被班主任的勇气和诚实所感染，同时也能培养学生诚实的品质。

2. 坦诚自己的错误

班主任在处理问题时难免会出现差错，一个明智的班主任是不会选择逃避、推卸责任的，因为他懂得，这正是树立形象的良好机会。此时班主任要放下教师的"架子"，面对全体学生，诚恳地剖析自己的错误，主动地承担责任，如此其在学生心目中的威信是不言而喻的。

其实认识错误，敢于承认错误的班主任不仅是受人尊重的老师，更是能够培养健全人格的老师，这种老师教导下的学生是有希望的。学生会犯错误，教师何尝不会？有时候教师的错误对学生的影响更大，因此作为班主任应该敢于面对自己的错误举动，坦诚自己的错误，真诚地接受学生的谅解。

3. 坦诚自己的难处

班主任在工作中，难免会遇到各种各样的难题。面对这些困难，有的班主任可能会自己寻找解决方案，有的班主任可能会向前辈请教，但很少有班主任会想到学生。这可能与我国的传统有关，一直以来，班主任一直处于高高在上的地位，向学生请教问题可能会有损班主任的形象。其实，学生是难题的直接关系者，如果班主任能够主动地把自己遇到的问题告诉学生，向学生寻求帮助，有时候获得的解决方案会是最合适的。

第五节　理想与激情

班主任对学生的爱，对教育事业的爱，都需要崇高的教育理想和强烈的教育激情来维持。可以这样说，教育理想与激情，是班主任爱心的源泉，也是班主任做好具体工作的前提条件。

自人类社会出现教育以来，人类就有了无数有关教育的理想，并且用自身的社会实践来实现它。今天我们仍然要对教育理想进行考察与建构，每个时代的教育理想都会打上这个时代的烙印，具有这个时代的内容和特点。

教育理想是人们对教育未来的一种理想追求与向往，或许在教育实践中永远不可能得到实现，但却是我们的心所向往的。教育理想指引着人们从事教育实践活动，是开展教育活动的"灯塔"。教育理想为我们理解教育的本质内涵提供了认识阶梯，它在推动教育和人的发展与完善的同时，也推动着社会的改革与进步。作为教育工作者的班主任，应当拥有自己的教育理想。

对于班主任爱心的培育，教育理想的催生是首要条件。班主任的教育理想如何催生，这是我们必须积极思考的。当今在"与市场经济接轨"的旗号下，我们的教育似乎越来越"务实"，越来越远离教育理想。我们的班主任或许正处在不理想的教育现实中，但是永远不能让自己在现实面前崩溃，更不应该放弃追求理想的目标与梦想。

教育理想是班主任开展教育工作的精神支柱，只有拥有教育理想，班主任的内心才会变得充实；只有内心变得充实，班主任才会拥有理想和激情，也才有可能培养出有理想的学生。可见，只有教育理想，才能撑起班主任工作的一片天空。

班主任的教育理想表明一种期待，是班主任对学生的一种期待，也是

社会对受教育者发展的期待。教育是永恒的事业，是班主任的追求。因此，班主任要有理想，不仅仅是把教育当作自己的一份工作，一种职业，更应该把它当作一份事业来对待和完成。催生班主任的教育理想可从以下三方面入手：

1. 正确认识班主任的角色和工作价值

班主任的教育理想产生于对角色重要性及其工作价值的正确认识。2006 年 4 月，教育部《关于进一步加强中小学班主任工作的意见》指出："中小学班主任是中小学教师队伍的重要组成部分，是班级工作的组织者、班集体建设的指导者、中小学生健康成长的引领者，是中小学思想道德教育的骨干，是沟通家长和社区的桥梁，是实施素质教育的重要力量。"班主任只有理解这些话语的深刻内涵，才能认识到自身的角色和工作价值，从而也才能确立教育理想。理想是班主任对工作取得成就的向往。

2. 注重提升班主任的专业素养

管理育人、服务育人、教书育人是班主任工作的职责和目标，这就对班主任工作提出了很高的要求，而班主任具备良好的素养是班主任工作的前提。崇高的理想、坚定的信念、扎实的知识技能，这些都是班主任素养的主要内容。教育理想是班主任素养的核心内容，处于"动力"地位，同时也是其职业道德的集中反映。班主任的崇高理想需要全方位地提升班主任的专业素养。只有具有崇高的教育理想，具备良好的素养，才能更好地履行班主任职责，才能促进学生的"精神成长"。

3. 在班主任工作实践中催生教育理想

理想虽然是抽象的概念，但是必须在具体的实践中催生，它具有客观必然性。任何理想的催生都离不开现实生活，教育理想也不例外，班主任的教育理想也同样如此。离开了教育教学活动，无法谈及班主任的教育理想。同时，班主任的教育理想，是一个逐步确立的过程，它要经历一个由疑虑到摸索，再到自觉追求、最后达到巩固的渐进式过程。班主任在教育实践中，首先，要深刻领会并实践《中小学教师职业道德规范》，做到热爱教育事业，热爱学生；其次，要认真学习《关于进一步加强中小学班主任工作的意见》，增强责任意识；最后，要深刻理解班主任工作的性质、具体要求和任务，增强上进心。

教育是对理想的追求，在对理想的追求过程中，关键在于焕发激情，并且永葆激情。只有理想没有激情的教师不算是真正合格的教师，教师的魅力在于激情。有了激情，学生们的情绪将受到感染，身心振奋；有了激情，教学活动就能生动、形象，富有情感性，从而增强教学效果。

教育是一项需要理想和激情去点燃的事业，教育需要理想与激情，教师的理想与激情是教师的灵魂。班主任是教师中的一个群体，他身上寄予着学校的希望、家长的希望以及学生的希望，各方面都在关注班主任，因此要做好班主任工作，更需要教育激情。

一个充满激情的班主任始终想孩子所想，始终和孩子一起共享着生活的快乐与幸福。班主任教育激情的点燃和保持，需要班主任走进学生的内心。而只有永葆教育激情，班主任才能永远有爱心。如何点燃和保持教育激情，是每一位班主任必须去探寻的。

1. 培养归属感，点燃教育激情

心理学研究表明，人的归属感是一种生理、心理的全方位的需求，马斯洛的"需要层次论"对归属感做了阐述。每个人都害怕孤独和寂寞，希望自己归属于某一个或多个群体，如有家庭、有工作单位，希望加入某个协会、某个团体，这样可以消除或减少孤独和寂寞感，获得安全感。归属感是个人对群体的一种依赖、一份信任、一个心灵的居所。

班主任承载着社会多方面对他们的期望，在多大程度上实现这一期望取决于班主任的工作，这就必须让班主任在学校中产生归属感。一方面，班主任自身要积极融入到学校的文化中，深刻理解和认同学校的办学理念和办学宗旨，努力将自己融入到学校的教育事业中去，将教育事业作为自己行事的出发点和归结点。另一方面，学校和社会必须营造良好的外部环境，要在物质和精神两方面共同作用，使班主任对教育事业产生高度的信

任和深深的眷恋，使他们自愿奉献于教育事业。

2. 焕发生命力，永葆教育激情

　　班集体如果缺少活力，就不会有蓬勃的生命力。班集体是一个特殊的群体，每个人的个性不同，学习的基础也不同，班主任是班集体中每一个学生的引导者、领路人。让班集体充满活力，发挥班集体的强大功能和优势，是班主任工作中的重要部分。这就要求班主任首先要充满活力，焕发生命力。班主任要始终坚持崇高的教育理想，在工作中不断反思和总结，寻求和认识到班主任工作的重要意义；始终把学生置于工作的首要位置，不断调整自己，将自己融入学生中，融入班集体中，感受青春活力的校园。只有在班主任的引领下，全班共同努力，创设班集体良好的学习氛围，建立同学之间团结互助关系，才能焕发学生的生命活力，才能将班集体建设成为一个融洽温暖的大家庭。因此，一个成功的班主任必须永葆激情，而且要用自己的激情点燃学生的激情，让激情鞭策和激励班集体向前奋进。

第三章
责任与耐心

　　耐心是指一个人对待人和事的态度，也就是指对待人和事，不能产生急躁、厌烦的情绪，要有持久性。班主任面对由几十个学生组成的一个班集体，在不同时期可能会出现不同的情况和不同的问题，甚至时常还会因突发事件而产生新的问题。因此，班主任管理班级，需要有耐心，支撑这种耐心持久存在的动力便是责任。

　　班主任要有耐心和责任，这包含两方面的内容。一方面，班主任作为一个普通的人，应当有耐心和责任感；另一方面，班主任作为教育工作者，应当具备班主任工作需要的耐心，承担自己作为教育工作者的责任。班主任必须真诚地对待学生，理解、信任和宽容学生。这都是耐心和责任的应有之义。

第一节　耐心的本质是责任

教育事业，是一项长期的育人事业。同时，教育也是一种服务，是一种不同于人们通常理解的服务行业，教育是为千百个家庭和亿万个孩子的未来和幸福提供的服务。教育事业的性质不仅需要班主任具备知识、技能，更需要班主任的无限耐心，这是班主任育人工作的关键性因素。

英国教育家斯宾塞在《快乐教育》里说："教育者要有效地教育孩子，就必须做一些教育的准备：要点钻研，要点机智，要点忍耐，还需要自我克制。"耐心是班主任必备的素质，没有耐心是做不好班主任工作的，急性子也不能胜任班主任工作。而耐心的本质是责任，没有责任心，根本谈不上耐心。

班主任的责任心，就是指自觉地把分内应做的事做好的心绪和情怀，这是做好班主任工作的前提。有了责任心，班主任就能全面而深入地了解学生，就能准确及时地掌握学生的状况，也才能通过开展各项活动有针对性地教育和引导，从而帮助学生更好地发展。特别是对于成绩不好的学生更需要班主任的责任心，班主任应当意识到成绩的好坏是由多种原因造成的。因此，班主任要对这些学生有耐心，在转化后进生的过程中要以尊重、平等、信任、友好、关怀的态度，本着对每一个学生负责的态度，给以更多的理解、同情和关心，师生之间形成一种融洽的关系。

班主任的责任，要求班主任对班集体中的每一个学生负责，这体现在学习生活的方方面面，课内课外、班内班外、校内校外，无处不在；过去、现在、将来，无时不在。

班主任的责任心是当班主任的教师的一种心中的责任，是一种问心无愧的责任。除了对学生负责，还要对学校负责，对自己负责。德国诗人歌德讲："责任就是对自己要去做的事情的一种爱。"班主任的责任心既来自于爱岗敬业，也来自于对学生生命的关爱。班主任对学生的责任不仅是班主任与学生之间关系的核心，更是班主任的道德准则所要求的。因此，班主任必须增强自己的责任意识，公平对待学生。

班主任的耐心具有坚韧性的特征，也就是要求班主任对待工作要坚持、要有韧性。坚韧是指坚固而有韧性，"韧"是指受到外力作用时，虽然变形而不易折断，跟"脆"的意义相对。"坚韧"的意义最初用来指物的质地，后来人们将"韧"的变形而不易折断的特性引申为人的性格，表现为坚强且不易被困难和挫折所压垮，历经无数次磨难却依然努力不懈的精神。可见，坚韧对于班主任的工作，对于实现班主任工作的目标至关重要。

班主任应该意识到工作中可能要面临挫折和失败，不能将挫折错误地认为就是失败，也不能将失败错误地理解为就是最终的结果。班主任应该树立所有的成功都必然经历挫折的观念，关键是遇到挫折之后仍要积极面对、不断进取。

坚韧性体现在班主任的耐心上，就是对待学生、对待工作要坚持不懈，不被困难所压倒。如班主任面对有不好行为习惯的学生时，要耐心地培养他们的良好行为习惯。习惯本身就是长期形成的，良好行为习惯的培养不是也不可能短时间就能做到。"这个过程不是一次性的，而是反反复复的，一次不行，再来一次，来第三次、第四次"，耐心的坚韧性在培养学生的良好行为习惯中得到了较好体现。

班主任的耐心，具有反复性的特征。反复性是对班主任耐心的考验，也是对班主任专业素养的检验。班主任工作面对的是不断的零零碎碎的事情，但却是不容忽视的大事。班主任工作可以小到一支铅笔、一块橡皮，也可以大到关系到学生的前途、命运。因此，要求班主任对待工作决不能掉以轻心，耐心的反复性由此显现。

反复耐心地教育学生、帮助学生，是班主任工作经常要做的事情。班主任的耐心不仅需要反复，也需要善于运用巧妙的方法引导、开导学生。班主任耐心的反复性让我们认识到了班主任工作的复杂性和艰巨性，这又

是对班主任的一大挑战。

　　总之，班主任的工作，只有具备高尚的师德，高度的责任心，才能对学生有耐心，才能正确认识学生、引导学生，也才能体验到班主任工作的乐趣，从而更积极地投入到班主任工作当中去。

第二节　真诚地对学生付出

义务性是对班主任耐心的本质——责任的最好体现。班主任的责任，要求班主任将耐心作为一种义务，在班主任工作中时刻牢记管理班级、为学生服务是自己应尽的责任，这是班主任的本职工作，是一种义务。

班主任耐心的义务性表明了班主任要把班级工作看作是自己分内的事，与自己密切相关。责任意味着义务，同时也给班主任以某种程度上的压力，也就是说，班主任只有把自身的工作与职责看成是一种义务，才能完成工作，才能做好工作。

耐心是做好班主任工作的关键，而义务性是班主任耐心的首要特征。班主任要把班级中的每一个学生、班级的每一件事情都看成是自己的事情，尤其要把帮助后进生作为自己的义务，而不仅仅是只对优秀生负责。班主任要意识到班集体中的所有学生都是自己要关注的对象。正因为后进生的转化与教育是一项长期而艰巨的工作，不可能一蹴而就，所以更要求班主任要用百分之百的耐心对他们，关注他们的点点滴滴。帮助他们健康成长是班主任应尽的责任，应尽的义务。

把耐心当作是一种理所应当的义务，这就需要班主任做到真诚。真诚是在与人交往中，不计回报，真心诚意地为他人服务或付出的一种心理品质。教育事业是一项伟大的事业，要求教育工作者无私奉献、不求回报。班主任工作自然也要如此，班主任的耐心更需要真诚。只有真诚地对待学生，真诚地为学生的健康成长和未来发展着想和付出，才能体现出班主任的耐心，也才能做好班主任工作。

真诚，就要求班主任做到想学生所想、做学生所需、助学生成长。班主任的工作生涯中，如果没有真诚的付出，就不会与学生"感同身受"，也不会站在学生的角度和立场考虑学生的所思所想、所作所为，更不可能期望学生真诚对待班主任，做好班主任工作也就无从谈起。

1. 真诚要求班主任想学生所想

想学生所想，是班主任真诚对待工作，真诚对待学生的外在表现。想学生所想，首先要关注每一个学生，关心和注意到班级中的每一个学生。其次，要与每一个学生进行沟通交流，只有真诚地与学生沟通交流，才能了解学生，才能理解学生。最后，要理解学生，理解学生是想学生所想的前提。理解学生，理解学生的想法，而后有针对性地引导学生。

谁都想做好人，都想成为老师心目中的好学生，这是人的本性。即使是班主任眼中的"调皮生"、"差生"，相信他们的内心深处也拥有美德的火花。苏霍姆林斯基多次谆谆告诫教育者："不能让儿童那种'成为一个好人'的愿望的火花熄灭。"班主任要在具体工作中，点燃学生想做好人的愿望，利用学生想做好人的特点，这是实施教育的良好契机。

尤其是对待后进生，班主任要充分展现自己对他的真诚，真诚信赖他。班主任要真诚地多与后进生交流，了解他的想法，再加以耐心地引导其转化。

2. 真诚要求班主任做学生所需

真诚，就要做学生所需要的。做学生所需，就要善于观察、敏锐地发现学生的缺点或不足。然而，仅仅发现学生的不足是不够的，班主任如何帮助学生弥补不足才是最重要的。真诚是班主任帮助学生改变的方式、手段，同时也是班主任工作的艺术。

真诚地向学生致谢，让学生感受到班主任的真诚，然后再利用真诚让学生意识到自己丢三落四的毛病，从而促使学生下定决心改掉这个坏毛病。真诚为学生着想，巧妙地设计一个小事件，就能改变学生长期以来养成的不良习惯。

艺术性地运用真诚，就要做学生所需。比如，丢三落四的毛病是很多学生的毛病，那么班主任就必须意识到丢三落四不利于学生的健康成长，意识到改变学生丢三落四的毛病是迫切需要为学生所做的一件事。只有意识到要为学生做什么，才能引导和帮助他改掉不良习惯。真诚，体现在班主任的工作过程中，体现在班主任对待学生、引导学生的过程中。

3. 真诚要求班主任助学生成长

班主任工作最终是为了学生的健康成长，真诚地付出最终是为了学生的健康成长，想学生所想、做学生所需，最终也是为了学生的健康成长。

助学生成长，就要关注每一个学生的进步，为学生点点滴滴的进步而喜悦。学生的思想和行为都尚未成熟，要在学生成长的关键期发挥班主任的关键作用。学生思想活跃、可塑性强，同时辨别能力又相对较差，易受环境的干扰。全班学生由于所处的家庭环境不一样，往往良莠不齐。因此，班主任要把握学生的身心发展特点，善于利用这些特点，利用学生积极好动、易于接受新事物的特点，有目的、有计划、有组织地为他们创造各种机会，开展社会实践活动，让他们在充满思想性、科学性、知识性、趣味性的活动中接受锻炼，辨别是非真假，从而有效地促进学生健康发展。

班主任在学生整个受教育的过程中起联结的作用。班主任要对每一个学生都给予真诚的情感和尊重，既要关注表现特别优秀的学生，也要关注各种问题学生，更要关注广泛层面上一般的学生，用自己的真诚打动学生。只有心中存有真诚，用一颗真诚的心面对每一个学生，才能不断促进学生的良性发展。

另外，真诚也是班主任自身成长过程中不可缺少的品质。首先，作为一个个体，班主任应当努力加强自身素养的提升，从各方面进行修炼，提高自己的素养。只有真诚地对待你身边的每一个人，真诚地与他人相处，才能逐步不断成长。其次，作为班集体的班主任必须有意识地完善自己的品质，努力驱除不良的品质，并且注意吸取他人的优良品质。尤其要注意的是，班主任不能以"居高临下"的姿态面对学生，相反，要善于发现学生的良好品质，并向学生学习，在相互学习中共同提升各自的素养与品质。

班主任的成长需要真诚，需要真诚与他人相处，只有用一颗真诚的心才能与他人建立和谐融洽的关系，才能做好每一件事。只有以心换心，才能获得大家的认同，才能得到别人的诚心帮助，才能一天天地逐步成长。

第三节　撑起理解的天空

教育是一项长期的事业，是一个持久的过程。班主任工作同样是一个过程，需要持久的耐心。从纵向来看，班主任工作的耐心，是一个持久连续的过程。从小学低年级开始，直到小学结束，这是需要极大耐心的过程，尤其是对低年级的学生，耐心是必要的、是必需的。试想，如果低年级的班主任缺乏耐心，对学生不施以耐心，学生何以取得进步、何以获得发展？

从横向来看，对于某一个学生、某一件事，都体现了耐心的过程性。班主任耐心的过程性，就要求班主任对待学生、处理事情不能急躁，要保持冷静，否则极有可能事与愿违。班主任耐心的过程性既体现在班主任长时间从事班主任工作的过程之中，也体现在班主任面对某一件事时，需要用耐心长时间地分析问题、解决问题。

班主任耐心的过程性，不是简单的重复，而是递进的过程。班主任必须结合班主任自身和所带班级的实际采取有效的方法，要耐心对待学生，尽可能地了解每一个学生、认识每一个学生，在工作中不断总结经验，采取合适而恰当的方法来教育学生。

班主任对待学生要做到"耐心些，再耐心些！"班主任的耐心，是建立在理解学生的基础上的。苏霍姆林斯基说过："教育艺术的基础在于教师能够在多种程度上理解和感觉到学生的内心世界。"班主任对学生的理解，首先要理解学生的情感，其次要理解学生的个性，最后要理解学生的行为。

1. 理解学生的个性

作为班主任，必须理解学生的个性，才能有针对性地耐心指导学生。

个性是存在差异的，个体间的差异，决定了班主任工作也应因人而异。只有理解学生的个性，才能做好班主任工作。因此，理解学生的个性是做好学生工作的前提。

学生作为发展的人，也就意味着学生是一个正在成长的个体，是一个不成熟的个体。班主任要理解学生的个性，就要认识学生这一个体。班主任理解学生的个性势必要求认识学生之间个性的差异性，只有认识到学生个体的差异，才能理解学生的所思所想、所作所为，也才能接纳学生。

一个人的个性是由多种因素共同塑造形成的，学生的出生、成长环境等都可能对学生的个性形成产生影响。作为班主任，要认识学生的个性，分析学生的个性，探究学生个性形成的原因。比如内向的、孤僻的学生，班主任要挖掘这一个性背后的原因，可能是由于对长相、家境、成绩等因素而产生了自卑，对自己缺乏自信，从而不敢与人交往，不断将自己封闭起来；对于自我优越感过强，自恃清高，不合群的学生，班主任要了解导致学生产生过于优越感的原因，尤其是家庭背景。只有深入了解学生，了解学生的方方面面，才能认识学生的个性，也才能在认识的基础上，理解学生的个性，尤其是个性的不足之处。

理解学生的个性，班主任要做到既理解学生个性中的优点，也理解学生个性中存在的不足。理解学生的个性，班主任就要做到既要理解每一个学生的性格特点，也要理解不同年龄的学生的身心发展特点。

2. 理解学生的情感

班主任只有理解学生的情感，才能进入到学生的精神世界，也才能体会到学生的心情，从而准确把握每个学生的喜怒哀乐，班主任工作也才能得以顺利开展。陶行知先生说过："真的教育是心心相印的活动，唯独从心里发出来的，才能打到心的深处。"从陶先生的这句话中，我们不难领会，离开了情感，一切教育将无从谈起。

班主任要理解学生的情感，就要认识到学生在发展的不同阶段、不同时刻都会产生不同的情感。情感因素往往能产生意料之外的结果，班主任理解学生情感之时，要讲究方法的艺术性，以情感人、以情动人，让班集体朝着健康的方向发展。

理解学生的情感，就要建立良好的师生关系。班主任要改变传统观念中的师生关系，放下架子，以朋友的身份与学生沟通交流。班主任只有与学生成为知心朋友，用真情去打动学生，学生才愿意主动向班主任吐露心声，班主任也才能真正了解到学生的内心世界，从而获取教育的良好契机。

值得注意的是，班主任要在学生受到挫折、遇到失败时，给予充分的关注。当学生遭受挫折或失败时，更希望得到父母、班主任、同伴的理解，此时班主任要及时地表示关切、理解，伸出援助之手，尽自己所能为学生排忧解难；引导他们正确看待挫折与失败，帮助他们客观分析原因，消除由于挫折产生的不良心理，树立每一个学生的自信心，从而产生良好的效应。

3. 理解学生的行为

行为直接显现在外部，是最容易观察到的，是班主任最能够掌握和了解的。因此，班主任不仅要理解学生的个性和情感，更要理解学生的行为。班主任理解学生的个性与情感，最直接的途径就是从学生的行为入手。只有理解了学生的行为，才能间接理解学生的个性和情感。

学生总会"制造"一些事件，譬如随手将一张小纸片扔在地上，作业拖拖拉拉、不及时上交等。班主任不能"眼里揉不得沙子"，也不能采取"严惩不贷"的方式，而要追根究底，查明原因，理解学生所表现出来的行为举止。

当学生的行为出现错误后，班主任不能简单地处理，甚至处罚，而要理解学生。理解学生，就要允许学生犯错误。当学生犯下错误后，班主任不仅自身要正确认识错误的性质和原因，并且要帮助学生正确看待自己犯下的错误，改正错误。不仅如此，还要让学生引以为戒，从他律走向自律，引导学生不断进步和发展。

班主任理解学生的同时，要意识到理解是相互的，也要让学生理解班主任，理解班主任的工作。班主任要创造各种机会，让学生有机会与自己接触、沟通，理解班主任个人的性格和作风，理解班主任的工作，让学生感受到班主任工作的艰辛和复杂。只有相互理解，才能发挥耐心的作用，使班主任工作发挥最大的功效。

第四节 信任可以创造奇迹

每个班级中，总有学习成绩好的学生，也有学习成绩不好的学生；总有能力强的学生，也有能力相对弱的学生。这就要求班主任对待不同的学生要采取不同的方法，给以不同角度和不同程度的帮助。不同的学生、不同的问题，班主任耐心的付出要显示出差异性。

班主任是班级的灵魂，有一个耐心的班主任就会有一个良好的班集体。班主任要全面了解班级中的每一个学生，了解每个学生的兴趣、爱好、个性和特长等总体的发展状况，然后分析每个学生的优势和弱势、优点和缺点，针对每个学生的差异和不足给以耐心的指导。

耐心要求班主任做生活的有心人，为每一个学生的进步积极创造条件。耐心的教育虽然要求看到学生的不足之处，但是班主任同样不能忽略学生的优点，即使后进生也有某个方面的特长或优势。班主任要对每个学生都充满信任，因为信任能够创造奇迹，几乎所有的成功人士，都从班主任的信任中获益不浅。

信任是一种高尚的情感，信任更是一种连接人与人之间的纽带。班主任是与人打交道的职业，班主任工作是面对学生的工作，学生是有思想、有感情的人。每一个学生都有需求，不仅有物质需求，更有精神需求。其中，信任是精神需求中最宝贵的东西。心理学理论说明：人类的需要有不同层次，信任是一种高级的需要。因此班主任工作中，对学生充分的信任往往会起到意想不到的效果。

耐心需要信任，如果缺乏信任，耐心将无法体现。班主任面对学生时应充分相信学生、信任学生，不能因为学生简单的一句话、一个举动就给学生下结论。美国心理学家贝克尔指出："人们一旦被贴上某种标签，就会成为标签所标定的那个人。"因此，面对正处于成长期的学生，班主任千万不能轻易给他们贴上标签。班主任应保持一颗信任之心，要始终相信人的本质都是好的，每一个学生都可以经过引导和教育向着好的方向发展。

1. 信任的态度

班主任要在工作中做到信任学生，首先要班主任具有信任的意识。意识是客观事物在人脑中的反映，只有具有信任的意识，才能有信任的态度。信任的态度，是信任意识的外显，是对学生信任的表现。态度决定一切，因此从班主任的态度中可以看出班主任是否信任学生。

班主任的信任不是一时兴起的，而需要长久地具有这种意识和态度。如果对学生只有一时半会的信任，是无法维持信任产生的效果的，只有持久地保持信任，学生才会感受到班主任的信任。

短暂的信任往往只是起到了暂时的功效，时间一久，信任的作用就会降低，有时甚至会产生比短暂的信任之前更坏的状况。因此，班主任要具有长期的信任态度，在班主任工作中，时刻保持信任的意识，并将之用于实际工作之中。

班主任工作，学生是主要的对象，班主任每天都要面对全班学生，因此拥有一份持久稳定的信任是非常重要的。如果对一个学生保持一份持久信任的意识，始终坚定不移地信任学生，学生终究会感受到这份信任，并且受到班主任的感染，让他产生自信，最终取得成功。

班主任不信任学生，没有信任的意识，也就不会有信任的态度，更不会有信任的行动，学生也就不会有信任感。班主任是否具有信任的意识，对待学生的态度如何，都将在很大程度上影响到学生的成长。

2. 信任的言行

班主任面临的对象是身心处于发展阶段的儿童和青少年，只有将信任撒向他们的心田，并坚持不断地灌溉，才能使他们的身心得到健康发展。要将信任撒向每一个学生，仅凭具有信任的意识，拥有信任的态度是不够的。班主任与学生主要是通过言语和行为进行交往的，因此，班主任信任

的言行是不可缺少的。

　　信任体现在班主任的言行之中，是一种激励的手段。班主任对学生的信任，首先要了解学生、尊重学生，要注意维护学生的尊严。信任以尊重和理解学生为前提，班主任对学生的信任，不仅对"当事人"是一种鼓舞，而且对其他学生也是一种激励，使得信任发挥广泛的效应，让全班学生由此得到心灵的震撼。

　　信任是一种教育，班主任的信任可以发挥教育的作用，这种教育最好的体现就是班主任工作中所表现出来的言行举止。班主任在面对班级中发生的大大小小的事情时，不能简单地下结论，要注意维护学生的自尊。苏霍姆林斯基说过："只有教师关心人的尊严，才能使学生通过学习而受到教育。教育的核心从本质来说就在于让儿童始终体验到自己的尊严。"在尊重学生和信任学生的基础上，针对具体问题进行具体分析，开展细致调查，与当事人充分沟通，绝对不可以妄下推论，否则后果将可能是无法弥补的。

　　班主任信任学生，就要相信、支持、鼓励他们，尤其是在他们遇到困难和挫折的时候更需要安慰和帮助他们。信任是原动力、催化剂，是做好班主任工作的基石。班主任对学生的信任具有巨大的教育力量，可以激励学生、感召学生，促进他们学习上的积极性和上进心。

第五节　宽容才能铸就希望

宽容，就是以一种谅解和包容的心态和行为去对待与自己不同的观点和意见，与自己不同的性格和志趣，甚至是别人的过错和冒犯，达到人与人的多样化的共处与合作。现实生活中不能没有宽容，有宽容才能共处，有宽容才有创造，有宽容才能成就事业，有宽容才能铸就希望。

金无足赤，人无完人。班主任要知道每个人都不是完美的个体，每个人都有缺点，都会犯错误。每个人都是优点和缺点的统一体，不仅学生有缺点，老师也有缺点；不仅学生会犯错误，老师也会犯错误。因此，当我们犯错时，就要学会宽容。

宽容是每个人都必须具备的品质，班主任对学生尤其需要有宽容心。班主任的宽容是耐心的体现，是一种仁慈和关爱，也是一种理解和信任。班主任的宽容要求班主任有宽厚而博大的胸怀，有自制和忍耐的毅力。教育家赞科夫说过："教师也是人，但同时他又是教师，而教师这门职业，要求一个人的很多，其中就要求自制。"没有自制和忍耐，班主任就表现不出宽容大度地接纳学生。

班主任在工作中要发挥宽容的最大影响力。对学生要宽容，就要从认识上、态度上、处理事情等方面入手。

1. 认识上的宽容

认识上对学生宽容，要求班主任正确看待师生关系，正确把握师生关系。传统观念下的师生关系是教师处于强势，学生处于弱势。这就导致教师处于主动地位，学生处于被动地位，教师习惯于将自己的思想意识强加于学生，容易产生"我永远是对的"的观念，也就不会以宽容心对待学生。现代观念下的师生关系要求班主任重新审视师生关系，正确处理师生关系，要了解学生，认识学生是一个主体的人。只有这样，班主任才能以宽阔的胸襟，包容和宽恕学生的过失和错误。

作为班主任，要在师生间架起彼此了解、彼此信任的桥梁，要对学生多一份耐心，多一份宽容，让学生感受到教育的魅力。要宽容学生一时的过错，"年轻人犯错误，上帝也会原谅"。班主任的宽容，对学生而言，可能维护他的自尊，也可能唤醒他们的良知，从而会感激老师的宽容，有意识地自我改进，寻求自我完善，获得自我发展。

2. 态度上的宽容

宽容既是一种美德，也是一种态度。宽容要求我们以宽厚、容纳、谅解、同情并且寄予期望的心理对待他人。人非圣贤，孰能无过。班主任面对学生的过错时，要在态度上宽容。不要一遇到学生犯错误，就去责备他，可以换个角度看待学生的过错，采取宽容和体谅的态度来处理学生的过错。

班主任对犯了错误的学生，要抱着宽容的态度，善于抓住契机予以引导，以耐心说服的方式教育学生。要对学生动之以情、晓之以理，引导他自我认识错误。班主任在其中起到引导、帮助的作用。

学生犯错，班主任既不能放弃他、不管他，也不能压制他，更不能对他咒骂、讽刺、挖苦甚至体罚，学生这时候最需要的是班主任的宽容态度，宽容能让学生从思想上、感情上产生归属感、安全感、信任感。学生犯错，班主任首先要以宽容的态度对待他，同时运用自己的机智以积极的行动帮助学生改正错误。

班主任要将心比心，相信学生，宽容学生。师德高尚的班主任，不仅要关注和宽容优秀的学生，更要关注和宽容后进生。要相信每一个学生都需要关爱和宽容，后进生更是如此。班主任要用自己宽广的心胸，理解和宽容学生，用真情去感化他们。

3. 处理问题上的宽容

宽容不仅体现在认识上和态度上，还体现在班主任对问题的处理上。

处理上的宽容能直接对学生产生影响。当学生犯错误时，班主任如何处理是至关重要的。学生犯了错误之后，会产生一种恐惧感、负罪感，也会自责。这时，犯错的学生特别希望得到他人的理解和谅解。因此，班主任此时如果一味严词训斥、穷追不舍，就会产生负面效果，会对学生造成不良影响。处理不好的话有可能会使学生不敢正视自己的缺点，或者假话敷衍和搪塞，甚至会走向对立之路。因此，班主任在处理问题时，要根据学生的个性和心理特点解决问题。特别要注意讲究科学性，千万不能损害学生的天性和自尊。

如何处理学生的问题，是教育的任务，更是班主任的工作。班主任柔性化的处理，让我们感受到宽容的魅力。宽容展现了人性的光辉。宽容，对于班主任来说，也显示了睿智。宽容是一种教育，是一种比惩罚更有影响力的教育。

对待学生的过错，首先要认识到错误背后的原因，用班主任善意而宽容的态度，委婉含蓄的方式处理学生的过错。从认识上、态度上、处理上宽容学生，一方面，要尽量弥补由于学生的错误而造成的不良影响；另一方面，也要从根本上帮助学生转化，纠正错误，杜绝错误的再次发生，从而真正达到教育的目的。

马斯洛说过："接纳是无条件的。"班主任对学生的一切应该本着宽容之心去看待、去接纳。因此，班主任的宽容，应当是无私的、全身心的付出，是不求回报的付出。同时，要意识到宽容不是一种严格意义上的宽容，是有条件的宽容。宽容不等于纵容，不能放低对学生的要求。也就是说，班主任在处理学生的过错时要坚持原则，把握宽容的度，不能过分宽容，走向纵容。

第四章

耐心的养成和发挥

　　耐心，具有先天性的特征，如一般而言，女生比男生有耐心；但耐心也具有后天性的特征，它同样可以通过后天的不断修炼而达到。对于班主任而言，耐心的养成也是一项基本的技能，它需要班主任在教育实践中不断修炼，不断完善。

第一节　坚定信念提升品质

班主任耐心的养成首要的就是要坚定教育信念。坚定的教育信念，能够给班主任信心和坚持下去的理由和动力，是班主任耐心修炼的前提。

信念是人们在一定认识的基础上确立的对某种思想或事物坚信不疑并身体力行的心理态度和精神状态。在本质上，信念表达的是一种态度，它是认识、情感和意志的融合和统一。信念是行为的先导，是行为的指导思想。信念强调的不是认识的正确性，而是情感的倾向性和意志的坚定性，它超出单纯的知识范围，有着更为丰富的内涵，成为一种综合的精神状态。

信念是强大的精神力量，有了坚定的信念，就能振奋精神、克服困难，甚至生命受到威胁，也不轻易放弃内心的信念。经常看到这样的报道，某位班主任在危险来临之时，把生的希望留给了学生，把危险留给了自己。支持班主任这么去做的理由不仅是作为班主任的责任感，更是班主任崇高的教育信念。

十年树木，百年树人。学生的成长是一个漫长的过程，班主任对学生的教育效果并不都能立竿见影，但不能因为看不到成效，就不相信学生，放弃学生。相反，班主任要坚信每一位学生都期望获得成功，要相信每一位学生都是可以成功的。在这种信念的指导下，班主任能找到自己正确的定位，并向着教育目标不断前进。

班主任坚定信念的修炼一方面要来源于对经典理论的学习，另一方面也源自对先进人物的学习。

随着社会的进步，人们对教育的认识越来越深刻，教育理论也随着时代不断更新。但教育的本质不会变化，教育培养人的功能不会发生变化，教育的内在规律不会发生变化，所以教育中的经典理论不会变化。因此，班主任要对经典的教育理论进行学习，这些理论是班主任信念形成的基础。班主任通过对经典理论的学习，在与大师的对话中树立教育理想，探索自己的发展道路，坚定自己的教育信念。

理论的学习是信念产生的基础，同时，班主任也不能忽视身边先进的人物，他们是活在班主任身边的"经典"，要多向他们学习。班主任在对先进教育专家的学习过程中，通过对比，能够发现自己的不足，从而不断改正自己的缺点。先进的教育专家，他们对教育有自己的认识、有坚定的教育信念。班主任可以从先进教育专家身上获得感染和教化，从而不断纠正、完善、坚定自己的理念。

除了信念，对班主任耐心有影响的极其重要的一个因素是品质。耐心的养成，需要班主任良好的品质作为基础，耐心的修炼，也需要从提升品质开始。"教书者，必先强己；育人者，必先律己。"以育人为主要职责的班主任，必须严格要求自己，提升自己的品质，完善自己的人格。

班主任不仅要用自己的学识教学生做人，而且最重要的是要用品格育人，用严于律己的人格魅力感染和教化学生。班主任要提升自己的品质，可以从知识素养和道德素养两方面进行。

首先，班主任要丰富学识，以才影响学生。一位合格的班主任需要具备广泛深厚的文化科学基础知识，扎实的系统精深的专业学科知识，全面准确的教育科学知识和心理科学知识。班主任不仅需要掌握自己所教学科的知识，还要广泛涉猎其他方面的知识。

特别是在现代社会，知识更新的速度越来越快，学生接受知识的途径越来越多。传统的教师要教给学生一滴水，自己需要一桶水的思想已不能满足学生成长的需要了。现在是教师要给学生一滴水，自己需要有一片海。因此，班主任要有强烈的求知欲望，不断地汲取新信息、新知识、新理论，努力完善自己的知识结构，在学生的心目中塑造一个对知识永不满足的学者形象。

教育学、心理学是班主任工作艺术的理论依据，因此，班主任要具有扎实的教育理论功底，在对学生进行教育时，应熟知并能灵活运用教育学、心理学知识，让学生感觉到"听君一席话，胜读十年书"，从而引导学生的成长。

其次，班主任要提升品格，以德感染学生。班主任不仅要学高，更要身正，要以身作则。在所有职业中，人们对教师的道德要求是最高的。我国古时候就有"一日为师，终身为父"的说法，这也就是说，教师在道德、人格上是令人尊敬的。人格不完善、道德缺失的有学问者不能成为教师，更不能做班主任。因为班主任在对学生教育的过程也是影响学生道德形成的过程，如果班主任在道德上不能率先垂范、为人师表，有谁放心把自己的孩子交在他们的手上？学生人格的塑造不是靠自发形成的，也不是在一般的知识传播和能力培养过程中完成的，只有人格才能影响人格的发展。因此，班主任要用自己的人格影响学生人格的发展。班主任要时刻牢记，你的一言一行，不仅影响一个人或者一群学生的人生成长，更关系到一个民族的兴衰存亡！

第二节 倾听与沟通

倾听与沟通是班主任耐心的基本要求，也是班主任的基本素养之一。沟通和倾听的过程中，班主任要学会用心、耐心地与学生进行交流。学会沟通与倾听是师生之间建立良好关系的关键。

沟通是指人与人之间交流意见、观点、情况或感情的过程。班主任在与学生的第一次见面中就开始进行沟通了。班主任的一句话、一个眼神，这些都是沟通的语言，只不过这是一种无声的语言。

班主任对学生所做的每一件事情都是在与学生沟通，并通过与学生的沟通来表达教育思想，因此，师生之间如何进行沟通，用什么样的品质进行沟通，决定了教育具有多大的有效性。沟通是班主任实现教育目的的最有效的方式。

班主任面对的是在生理和心理上还不成熟、对事情的看法还浮于表面的学生，班主任的行为有时候并不能完全被学生所理解，甚至会使学生产生误解。这一方面可能会使学生产生逆反心理，另一方面也会影响班主任工作的积极性。良好的沟通，能够使双方互相体谅、理解，减少不必要的误解，它是教育效能大小的关键。班主任与学生沟通可以从以下三个方面开始。

1. 沟通从自我分析开始

沟通从自我分析开始，就是要把自己坦然地放在学生面前。很多班主任在与学生第一次见面时，就能够把每位学生的姓名叫出来，并能够说出他们的优点，这样的班主任是学生信服的。但这样的班主任只能说成功了一半，因为这种沟通只是单向的。一位优秀的班主任除了要了解学生外，还要让学生了解自己。班主任让学生了解自己、认识自己、接纳自己，除了通过自己的言行外，班主任也要善于推销自己。

许多中小学生对班主任存在着一种崇拜的心理，觉得班主任是万能的、是十全十美的，对班主任的期待也比较高，但一旦学生发现班主任的缺点，可能就会对班主任失望了。因此，班主任要和学生谈谈自己的成功与失败，谈谈自己的优缺点，让学生知道，班主任也是人，也会犯错误。这样，班主任如果有做得不对的地方，学生也可以谅解，与班主任沟通。

2. 沟通从微笑开始

微笑是世界上最好的沟通语言。不管是什么样的学生，不管学生是否犯错，只要班主任微笑着，学生就会觉得你没有恶意，就会对你放下戒心，慢慢地会亲近你。在微笑中，班主任的亲和力、人格魅力得以充分展现。微笑是友善的表露，是相互交流的基础，是心理素质良好的体现。

班主任要时刻调整好自己的心态，用微笑去面对学生，使他们觉得老师是平易近人的，是可以交心而谈的。冷漠是离心力，它使学生离班主任越来越远；微笑是同心力，它拉近班主任与学生的距离。

3. 沟通从倾听开始

倾听，是班主任和学生进行良好有效沟通的基本条件。倾听是为了教育，倾听是教师表达师爱、教育学生的一种手段。倾听是班主任一项必不可少的技巧，是一种修养，更是一门艺术，它显示了班主任的智慧内涵。倾听的实质是教师放下架子，用温暖的笑脸去面对学生，加强彼此的沟通和交流。

倾听，是学生成长过程中最简单的需要。作为一名班主任，就更要耐心地倾听学生的心声。倾听是一种尊重，是一种内涵，倾听本身就是一种教育。在倾听中与学生交流，与学生沟通，最终实现教学相长。

一旦教师转向学生，开始倾听，就意味着一种迎接和承纳：不是把学生作为学生来接纳，而是把学生作为一个鲜活的生命来接纳。这种接纳也表明了一种真诚的平等和尊重，这是生命与生命之间的平等，是一个生命对另一个生命的尊重。

倾听，不仅是给学生一个表达的机会，它代表的是对学生的尊重。在教育学生的过程中，面对犯错误的学生，班主任不给学生解释的机会或打断学生解释的现象是经常发生的，结果往往会伤害学生的自尊心。这就是不会倾听的表现。

真正的倾听，不是简单地听学生把话说完，而是班主任与学生两个不同群体的心的靠近、情的交流；是一颗心感受另一颗心的跳动，是一种爱去共鸣另一种爱的真情。用心去探索，用脑去发现，用情去感染，一个具有倾听意识和习惯的班主任，一定能够带着朋友般的体贴去聆听学生的倾诉；一定会发现学生谬误中蕴涵的新奇，荒诞中包裹的合理；一定能够触摸到学生心灵的最深的地方。

第三节　期待与坚持

期待与坚持是班主任耐心的主要内容，也是班主任耐心的重要体现，是班主任饱含着宽容之心，坚持着自己的教育理想，耐心地等待着学生的成功。

1968 年，美国心理学家罗森塔尔和助手来到一所小学，进行"预测未来发展的测验"。其后向教师提供了一份名单，并说，这些孩子有很大的发展可能性。教师们甚感困惑，因为名单上的孩子有一些是差生。心理学家解释说，这只是对学生未来发展的预测，不是说学生的现在，并要求老师保密。8 个月后，罗森塔尔重返学校，进行第二次测验，结果令人惊讶，凡名单上的学生，无论在学业成绩、智力发展，还是与老师、同学的关系等方面，无一例外，都有了显著的进步。而这个名单，只是从全部学生中随机抽取的。这就是著名的罗森塔尔效应。在这个实验中，班主任的期待，通过言行、表情传达给学生，学生就会受到鼓舞，并朝着老师期待的方向发展，这是心理学上的心理暗示作用。这个实验也告诉班主任，要学会期待。

耐心不是要班主任去忍耐，而是要期待。因为只是一味地忍耐，对于班主任来说是一件非常难以做到的事。班主任要对学生有耐心，关键也不是苦苦的等待，而是要深深地了解等下去的意义和目标，不然即使一次苦等有了结果，下次依然是糊里糊涂。

期待是指有所期望的等待，它不是傻等，而是一种技术，也是一种经验。班主任保持耐心是源于对学生的期望，是有目的和有准备的。班主任的耐心不是凭空而来的，是伴随教师对学生的了解和信任而产生的。心中没有希望就不会耐心地等待，因为谁也不会等待自己认为不可能的事情。

期待是班主任对学生有信心，希望学生成功，相信学生成功，并怀着美好的愿望等待学生的成功。学生的个性不同，性格不同，有时候班主任的耐心要一年、两年，甚至更长的时间才能发挥效果，因此耐心的培养是需要坚持的。在现实中，经常听到某些教师不停地抱怨学生说："怎么教了你这么多遍，你还是学不会呢？"这就是没有耐心的表现。事实上，如果对学生的教育仅仅是几次的说教就可以起作用的话，那么那些在错误中不断成长起来的学生可能就是一种奇迹了吧。

期待是学生进步的动力。期待，可以使学生获得成功，也可以使班主任获得成功。期待是一种力量，班主任对学生的期待能让学生感觉到自己受到了班主任的重视，能够增强学生的信心。心理学家威廉·杰姆士说过，在人的所有情绪中，最强烈的莫过于渴望被人重视。

班主任对学生充满期待，是实施有效教育的关键态度和重要途径。有时候，班主任不经意的一个眼神、一个动作、一句话，都可以让学生感觉到班主任对他的期待，也许班主任自己都没有意识到这点，但学生却可以因为这而发生改变，好好学习。

伴随着班主任期待的就是坚持，有了期待，但如果班主任不能够坚持下去，那么达到的教育效果也不是很好的。如果班主任对学生既有期待，又能够坚持下去的话，那么教育效果就会很好，学生就能够在班主任期待、坚持的目光下健康地成长。

班主任的期待与坚持的效果在转化后进生上显得分外重要。后进生，顾名思义，就是在学习或者行为等方面存在着问题，没有能够健康发展的学生。后进生如同一棵长弯的小树，要将小树扶直，不是短时间就能完成的，需要园丁在树旁绑一根木棍，把它固定。对于一棵没有意识的树木的矫正尚且需要很长时间，对于后进生而言，时间的长短是不可估量的。一般而言，对后进生的转化不是一蹴而就的。一次教育活动、一项措施往往收不到显著的教育效果。对问题严重的后进生来说更是如此。有的时候后进生虽一时有所转变，但由于后续工作没有跟上，又会使他们重新成为后进生。就像要在小树旁绑上一个木棍一样，班主任也要时刻关注着这些学生的成长。所有这些，都要求班主任要做好打"持久战"的思想准备，要有"不转变不罢休"的决心和意志。

苏霍姆林斯基曾说过："每个孩子都会有觉醒的过程。"因此，他相信孩子能够成功，花 10 年时间，将一名有偷窃习惯的学生培养成一名成功的农庄主席。这就是期待的力量，这就是坚持的力量。

期待班主任对学生的期盼，坚持班主任对学生的信任。期待加坚持，不仅可以成功地改变一个学生的成长方向，同时在期待与坚持中，也可以修炼班主任的耐心。

第四节　熏陶与感化

熏陶与感化是一种潜移默化的方法，是班主任耐心的艺术之一。学生是活生生的生命体，在教育过程中，不是被动地接受教育，而是主动地内化和吸收。因此，班主任在工作中不能认为仅靠简单的说教就能教育好学生，更多地需要熏陶与感化。班主任要注意从情感上让学生愿意接受、乐意接受班主任的引导、教育和帮助。

人们常用杜甫的"随风潜入夜，润物细无声"一句来形容老师对学生默默无闻的培育，潜移默化的熏陶。熏陶分为软环境与硬环境的熏陶，也可以分为内环境和外环境的熏陶。环境是班主任与学生之间沟通的一个非常重要的中介系统，现代教育理念要求班主任为学生创造良好的发展环境。班主任要在为学生营造良好环境氛围的同时，善于利用环境的熏陶作用使学生的思想、品行、习惯被濡染而逐渐趋于同化，并吸收教育的精华。

感化有感染、化解之意，是用无形的力量转变人的想法。感化是目前学校教育中大力提倡的一种人本化教育方法。感化与教化相对应，两者都是教育的一种方法。目前的学校教育，要求教师不仅要通过说教的方式教育学生，而且要求教师通过内在素质以情感人、以情动人，对学生进行感化。

班主任要用耐心对学生进行熏陶与感化。相信每个人的内心深处，总希望得到他人的尊重，学生也是如此。所有的学生，无论他学业优秀与否、守纪与否，都需要班主任的关注。

作为班主任，要善于洞察学生的心理，了解学生的心理变化，对不同个性和发展特点的学生要有所区别。也就是说，要在严格要求、一视同仁的前提下，针对学生的差异性施以不同的教育。对于成绩不好的学生、调皮的学生更需要耐心教育，也更需要用熏陶与感化的艺术，让学生从情感上接受班主任的教育。

班主任在工作中要善于利用人格魅力、言行举止以及环境等途径，对学生进行熏陶和感化，帮助学生健康成长。

1. 人格的熏陶与感化

人格能够深刻而久远地影响他人，是最本质的影响因素。因此，教育要求班主任以自身的人格来熏陶与感化学生。俄国哲学家车尔尼雪夫斯基说过："你要教育学生成为什么样的人，你必须首先要成为这样的人。"人格的熏陶与感化，也就是要求班主任首先要塑造自己高尚的人格形象，其次要发挥这种高尚的人格形象的影响作用，最终达到良好的教育效果。

班主任要具备高尚的人格，这是教育的本质要求。班主任只有具备高尚人格，才可能在对学生的言传身教中发挥人格魅力，对学生产生积极的影响。学生的身心发展特点使得他们具有较强的模仿能力，班主任是学生最直接接触的对象，其性格气质、兴趣爱好、行为作风等都直接熏陶感染着学生。因此，作为班主任，应该为人师表，塑造高尚的人格品质，并用自身的人格魅力来熏陶学生、感化学生，这样才能发挥教育的最大功能。

2. 言行的熏陶与感化

班主任与学生，因其角色不同，学生很容易自然而然地在师生之间筑起一道无形的心理防线，这一道心理防线是班主任开展工作的最大障碍。因此，班主任要用自己的言行来熏陶与感化学生，让学生对班主任产生亲切感和信任感。

首先，班主任要用亲切的语言来化解学生的心理防线，让学生消除心理戒备，从而顺利地开展班级工作。班主任的言语风格会影响学生，过于锋利的语言会引起学生的反感，甚至会对学生造成伤害。因此，班主任要始终把自己当作班集体普通的一员，利用具有说服力、感染力的语言熏陶与感化学生。

其次，班主任的行为对学生也有着较大的影响。身为班主任，要用自

己的行动为学生作出榜样，特别是对待后进生，不仅要用语言，而且还要用积极的行动来帮助其转化。

3. 环境的熏陶与感化

除了班主任自身的积极努力，用自身的人格魅力和言行来感化学生之外，班主任还要为学生营造和谐融洽的环境，利用环境的育人功能，熏陶与感化学生。良好的班级环境能够陶冶学生的情操，净化学生的心灵，发挥潜移默化的熏陶与感化的作用。

班级墙壁、班级板报、班级卫生等都属于学生学习和生活的环境，班主任要关注这些环境中的点点滴滴，利用环境的熏陶与感染作用，发挥环境育人的功能，为学生的发展服务。此外，还要与学校、家长和其他教师建立联系，共同为学生提供良好的成长环境。

第五节　引导与疏导

引导与疏导是班主任进行谈话时，针对学生的思想言行中存在的问题进行有目的的疏通。面对有困难的学生，班主任不能够放弃，不能急于求成。学生的改正是一个过程，在这个过程中，班主任要有足够的耐心，引导学生的行为，疏导学生的心理，帮助学生一步步走出困境。因此，引导和疏导是班主任耐心的艺术手段之一。

我国古代鲧禹治水的故事大家都耳熟能详：洪水流向哪儿，鲧就在哪儿堵，结果堵了好多年也没有把洪水治好。后来禹用"导"的方法，开通河道，把洪水引向了大海，不再危害人民。这个故事说明了"堵"与"导"的不同效果。

班主任在教育时，仅靠"堵"是不够的，而且是不可取的。有时候"堵"的成效比较大，但是班主任要认识到"堵"只是治标不治本。特别是在学生犯错后，班主任仅是对学生进行批评、惩罚，甚至进行处分，这些当时确实能够对学生起到警示作用，学生也会因此安分一段时间，但是时间一长，学生的老毛病又会再犯。因为他没有认识到自己的错误，没有认识到错误的严重性，所以仅是靠"堵"，往往达不到教育的目的。

施教之法，贵在引导。引导的方法很多，一般来说班主任可以用制度引导、骨干引导和榜样引导，来帮助学生走向成功。

制度引导是指班主任可以在班级制定一系列制度，约束学生的行为。班级中要有一套严而可行的规章制度，让学生的思想言行有规可循，有矩可依，每人心中有一把衡量自己的尺子。班主任可以引导学生自己制订班约，充分利用制订班约的机会对学生进行遵规守纪教育。班主任可以先在全班进行动员教育，让学生们统一思想和认识，再由班委会、团支部具体组织制订班规班约，并在实践中不断完善。由于班约是学生自己制定的，因此，学生对班约的认可度就比较高，比较容易接受，对班约的抵触情绪会有所减少，更主要的是通过制订与实施班约，使学生对学校纪律有了深一层的体会和认识，遵纪守法，遵规守纪的自觉程度大大提高了。

骨干引导是指班主任要充分利用班干部的力量，引导班干部管理好班级。在班干部的选拔中要让学生享受民主的权利，自己竞选。同时班主任要把班干部尽快培养成为班级的核心力量，让他们发挥辐射作用，使班集体具有凝聚力和向心力。

榜样引导是指发挥榜样的力量。班主任应该组织学生学习各行各业的榜样，告诉他们行行出状元，成绩不好可以身体好，可以行为好，可以品德好，这些人都是对社会有贡献的。班主任可以在班级根据学生的不同个性设定各种类型的榜样。通过树立榜样，让学生看到自己的长处和不足，互相学习，互为补充。

"疏"是指解除学生的思想负担，变阻碍为畅通；"导"是指引导，在学生不知道做什么、怎么做的时候，给学生指明道路。中小学生因各种因素的影响，会出现一些思想上、行为上的偏差，班主任在解决学生这些问题时，要把握住他们的思想动态，分析其问题产生的原因，并根据他们的年龄特征、个性特征一步步进行疏导。

"导"是标本兼治的真正法宝。因此，班主任在管理班级时，应像禹治水那样以"导"为主，或者变"堵"为"导"，或者"导""堵"结合。班主任不能仅把工作停留在"盯、压、罚"上，要运用自己的才智，好好引导学生，从而让学生不但知道什么不能做，还要知道为什么不能做，最终使学生增强明辨是非的能力与自觉抵制不良行为的能力，真正实现班主任的教育目的。

疏导首先要抓住时机，因势利导。对于一些成绩不好的学生，疏导可以把他们的缺点转化为优点。对学生疏导的方法有很多，班主任在教育中，可以利用下面两个策略对学生进行疏导。

正话反说：这主要是指班主任转变说话的方式。有时候班主任对学生进行讲道理的教育，如果从正面说，学生可能会有抵触情绪，道理听不进去。但是如果班主任换一种方式，从反面说这个道理，学生的接受度就比较大。

　　名言启迪：具有哲理的名言，将深奥的道理用通俗的语言表达出，能够给人以开导和启迪。名言警句，比较容易受到学生的重视，产生的暗示警醒的作用也比较大。在班主任对学生进行教育时，可以适当地运用名言来启迪警醒学生。

第六节　实践与反思

　　班主任耐心修炼的根本在于实践，而实践要求班主任既要实干，又要巧干。实干主要是指班主任在工作时要认真、刻苦、脚踏实地；巧干则是指班主任在工作时要讲求方式方法，要有艺术性。

　　为师之道，贵在实干。实干是做好班主任工作的前提。教育是一个育人的事业，它是一个涉及千家万户、涉及国家未来的事业，因此班主任来不得半点马虎和偷工减料，来不得半点虚假，要脚踏实地，认认真真。

　　班主任的身上肩负着重要的历史使命和社会责任。因此，班主任要坚守信念，能安贫乐道。俄国文学家托尔斯泰认为："如果教师只有对事业的爱，那么他是一个好教师；如果教师对学生具有父母一样的爱，那么，他要比一个读过许多书但不热爱教育事业又不热爱儿童的教师好；如果教师把对事业的爱和对学生的爱融为一体，他就是一个完美的教师。""淡泊以明志，宁静以致远"，只有耐得住寂寞，守得住清贫的班主任才能不为荣辱所累，不为金钱所动，才能专心一意为教育、为学生而奉献。

　　巧干，不等于偷懒，它是班主任工作的一个策略，是班主任管理的一种境界。在班级管理中，班主任可以借助学生的力量来管理；在学生教育中，班主任可以总结自身和同事的经验来教育。巧干是要班主任充分运用一切可以利用的资源，调动一切可以调动的力量来完成教育任务。在班主任工作中，将实干与巧干结合起来，才能在有限的时间里，将教育的效用发挥到最大化。

　　在实践之后，班主任最主要的是要做到反思。反思是人的自我精神的内省活动。人的经验按其来源可分为感觉与反思，感觉是外部经验，反思则是内部经验。反思就是心灵以自己的活动作为认识对象而反观自照，是人的思维活动与心理活动。

反思是指行为主体立足于自我以外的批判地考察自己的行为及其情景的能力。班主任的反思主要是指班主任在教育实践过程中，通过回顾思考，对自身的教育行为进行再思考再认识。班主任的反思能力在很大程度上体现着对自己的评价。

实践反思是提升班主任自身素养的重要手段，是班主任自我发展的一条重要机制，它对于班主任的专业成长、教育研究都有十分重要的意义。班主任对耐心的反思，包括反思成功和反思失败两种。

反思成功，是指班主任对自己在教育实践中，耐心地对学生的成功方面进行思考，寻找规律。在班主任对学生的教育中，有时可能仅仅某一句表扬、一个动作、一个眼神等，就达到了很好的教育作用。原因就在于通过这些无意识的言行举止，学生感受到了班主任的期待和鼓励，也许班主任自己都没有意识到，但它却对学生的发展起着很大的作用。对于稍纵即逝的言行举止，班主任就要认真地、耐心地反思，从中找到某种教育规律。

反思失败，是指班主任对自己的教育过程中的失败之处进行再认识，分析其失败的根源（并不是失败都是没有耐心造成的），吸取教训，寻找对策。在工作中，对学生教育的失败，恐怕班主任都经历过。但失败乃成功之母，失败并不可怕，可怕的是不能正确面对失败，不能从中吸取教训。

班主任的工作是一项复杂的工作，在日常纷繁的事务中，班主任很容易失去耐心，特别是对那些一而再、再而三犯错误的学生。这时候，班主任的耐心是十分重要的。班主任的耐心不仅是对学生进行耐心的劝说、讲道理、明事理，更重要的是班主任要分析学生为什么犯错，为什么多次教育却毫无效果，是不是自己的教育方法用错了等等。在耐心地对问题进行反思之后，班主任会豁然开朗，"柳暗花明又一村"。

现在有些班主任比较倾向于反思教育中的成功，对自己教育中的失败之处视而不见、避而不谈，要不就是把责任全都推到学生身上。这是不明智的，也是不正确的。没有失败，哪来的成功？对失败的反思对班主任的发展更为有益。一位优秀的班主任，不仅是一位善于反思成功的人，更是

一位善于反思失败的教育家。

　　班主任反思的主要手段是写反思日记和建立成长档案袋。反思日记就是用写日记的形式把一天中所发生的事情记录下来，并初步分析收获与不足，以便改进工作，扬长补短，同时写下自己思考及思考后的思想变化和行为变化过程。档案袋就是以专题的形式把收集到的信息存档。透过发生在学生身上的事件、对学生教育方式的反思，更多关注学生的个性品格发展，关注学生的成长环境、教育教学事件对学生潜移默化的影响，让自己养成一种思考的习惯，一种书写的习惯，促使自己对教育时时反思。

　　总之，班主任耐心的修炼需要反思，只有在反思中，班主任才能不断地改进，不断地发展；只有在反思中，班主任才能够不断地修炼自己，不断地提升自己。

第五章

班集体的建设和班级活动的开展

　　班集体是学校教育、教学的基本单位，是学生学习、生活、发展的直接环境。一个优秀的班集体对学生的发展会产生深刻的影响。班主任作为班级的组织者、领导者和管理者，在培养班集体的过程中担负着重大的责任，因此班主任掌握建设班集体的技能就尤为重要。

　　学生的成长，班集体的组织与建设，都是在班级活动中进行和完成的。班主任能否有效地开展班级活动，让学生在知识学习与班级活动之间获得平衡，考验的是班主任的智慧和能力。

第一节　确立班集体建设的目标

班集体不是学生的简单集合。班集体的形成应该具备以下条件：有集体成员认同的共同目标，有坚强的领导核心，有正确的舆论和良好的班风，有健全的规章制度。班主任建设班集体就得按照班集体形成的条件，通过各种途径和方法，促进班级由松散阶段、散聚阶段，到形成阶段，再到成熟阶段逐级发展，使其成为一个良好的集体。

班集体的形成和巩固是以共同目标为前提的。因此，要确立班集体建设的共同目标，使班级的全体同学有共同的努力方向，为实现共同目标而统一行动。

1. 确立班集体建设目标的意义

班主任开始接新班的时候，要着手给全班确立一个共同的目标，让班集体的每个成员有共同努力的方向。一个班集体有了集体的奋斗目标，在实现目标的过程中会产生激励效应，形成强大的班级凝聚力。每一个集体目标的实现，都是全体成员共同努力的结果，因而在实现目标的过程中能够分享集体的欢乐和幸福，从而形成集体的荣誉感和责任感。

2. 班集体建设目标的分类

从时间上划分，我们可以把班集体建设目标分为长期目标、中期目标和近期目标。

长期目标，可以理解为班集体全部学年（小学为 6 年，初中、高中为 3 年）的奋斗方向。它具有概括性、全局性和根本性。通过长期建设，班集体具有健全的组织系统、严格的规章制度与纪律、强有力的领导核心、正确的舆论和良好的班风；能够正常地发挥其整体功能，有计划地开展各种教育活动，从而使班集体达到自我提高、自我完善和自我发展的目标。

中期目标，是相对于长期目标和近期目标而言的。它可以是一学年的，也可以是一学期的。多数情况下，中期目标包含在班级学年或学期工作计划的目标任务中，如把班集体建设成为学习先进班集体、常规管理先进班集体等。

近期目标，可以理解为每阶段的教育所要达到的目的，如搞好课堂纪律、搞好卫生、做好课前准备等。近期目标带有具体性和可操作性。

班集体形成的重要标志，就是有一个明确的目标。目标是班集体发展的规划，是班集体感召、教育每个成员的方向。确立一个好的目标，会显示出巨大的教育功能。班主任要针对班上目标不明确的现状，和学生一起制订不同时期的目标，并鼓励学生为实现目标而努力。

3. 制订班集体建设目标的方法

班集体建设目标的制订，既要考虑社会发展的要求，也要考虑学校的具体培养目标和班级各方面的实际情况。制订班级集体建设目标时，要防止把重点放在单纯追求升学率上，特别是毕业班，要防止忽视德育和体育、强迫学生单纯追求高分的倾向。

（1）根据学生特点，制订班集体建设目标

学生个体的成长有其自身的发展规律。为此，制订班集体建设目标时，一定要认真研究学生的具体情况，要遵循学生身心发展的顺序性、阶段性和差异性的规律。比如初中一年级学生刚刚由小学升入初中，教师应该分析这一阶段学生的特点，制定出切实可行的教育目标。

（2）根据班级特点，制订班集体建设目标

制订班集体建设目标以前，要深入调查研究，摸清本班的主要问题或带有普遍性的问题，为制订班级教育目标提供现实的依据。

制订班集体建设目标，首先需要对班级内部各因素进行具体分析。

就学生而言，要分析学生的总体精神面貌，包括班级学生的人数及各层次人数的比例，学生身心发展的总体水平和学生的心理倾向；学生个体的性格特点、能力水平、爱好特长，在班级中的地位作用和影响力等。

就班级集体而言，要分析班级集体在学生心理上、行为上的影响力、凝聚力，集体舆论、规范对个体的调节作用，班级人际关系及相应的心理气氛等状况，学生群体的行为倾向特点及其趋同心理倾向和愿望等。班主任平时要多观察，多记录，养成写班级日记的习惯，并及时总结、分析，以在学期开始时制订出最佳的班集体建设目标。

不同的班级，应该有不同的班集体建设目标。如一个学习成绩落后于平行班的班级，班主任应该把培养学生的学习态度、形成良好的学习氛围作为重中之重，通过多种形式营造浓厚的学习气氛。而一个只知道学习、缺乏活力的班集体，则应该多开展一些文体活动，带领学生多参与社会实践，给学生提供丰富的校园生活。在班集体建设目标提出以后，班主任要反复地讲解、动员，使目标逐步转化为学生自觉的行动。

（3）及时调整班集体建设目标

班集体建设目标体现了班主任老师对班级学生成长的期待，是班主任对培养什么样的人的直接体现。然而，班集体建设目标并不是一成不变的，要根据学生的情况变化及时地进行调整。

第二节　建立班级组织结构

班集体是按一定的组织机构形成的，并且有相应的组织形式。班级组织的微观建制一般分为三个层次，即班主任、班委会和团支部。班主任是班级组织的负责人，不仅是全班学生的教育者，也是班级组织的管理者和领导者。由学生干部组成的班委会，是班级管理的重要力量。班级的基层组织是团支部。团支部受学校党支部和团委的领导，在班级里主要做学生的思想政治工作。

我国中小学的班级组织有一些典型的组织结构形态。

1. 直线式结构

直线式结构借鉴军事管理的组织结构，结构形式相对简单，其构成要素主要是班主任、班长和组长，其关系为：班主任——班长——组长——学生。

直线式结构采用自上而下的直线管理方法。它的特点：一是权力集中，指挥统一，由班主任控制整个班级组织，有利于规范管理，提高工作效率；二是目标明确，意见统一，班级活动计划的制订、组织、实施、过程控制、考核评比等都由班主任具体负责；三是班长、组长在班主任的安排和指导下开展工作。一般说来，学生在接受班主任领导的同时，要服从班长和组长的领导，这有利于统一管理和安排工作。

直线式结构的不足：一是由于权力过分集中，班主任难免疲于奔命，顾此失彼；二是班干部在班主任控制下开展工作，缺少独立意识和个性特色，不利于班干部独立工作能力的培养和提高；三是目标确立、计划制订以及管理过程中没有学生参与，容易造成与学生的实际脱节。直线式结构适用于人较少的班级和低年级。

2. 职能式结构

职能式结构是在直线式结构基础上发展起来的。它是根据班级管理目标、管理内容及分工的需要，在班长和组长之间设立中层职能管理人员，进行直线职能分工管理。

职能式结构的特点：一是按组织目标和内容配备专业管理人员，使班级管理更加专业化；二是配备中层职能人员，缩小管理跨度，有利于班主任从事务工作中解脱出来，提高管理效率；三是担任中层职能工作的学生都具有一定的特长，学生之间的特长互补可提高班级管理的整体水平；四是学生参与管理，不仅可以培养其组织能力、协调能力，还可以调动其积极性，发挥主观能动作用。

职能式结构存在的不足：一是由于班级组织活动内容的分工管理、具体操作都由中层职能人员进行，从而可能削弱班长的职能和作用，班级整体管理效果会受到影响；二是各职能人员容易造成本位思想，增加班级管理中整体协调的难度；三是职能人员配备太多，容易造成责任不清、人浮于事、相互扯皮等现象，影响工作效率；四是团支部的职能相对弱化，不利于发挥应有的作用。

3. 直线职能式结构

直线职能式结构把班级管理人员分成两类：一类是班委会，一类是团支部。班委会负责常规管理，配合、协助班主任贯彻落实学校的教育教学计划，完成班级工作计划及政教处的临时任务，开展学习、文艺体育、劳动卫生方面的工作，维护和保持班级正常的教学秩序。团支部的主要任务是完成校团委交给的任务，组织学生进行政治理论学习，做好学生的政治思想工作；开展课外活动；利用班级宣传阵地，如黑板报、班报、学习园地等，进行正确的舆论引导。

直线职能式结构的特点：一是实行班委会和团支部分工负责制，使中层分工专业化和科学化，有利于实现班级管理目标；二是加强班委的职能，有利于在日常管理中发挥主体作用；三是突出班级团支部的地位，使团支部在班级中充分发挥模范带头作用。

直线职能式结构的不足：一是班级管理中班委和团支部存在交叉管理，如果意见不统一，容易出现分歧；二是班委和团支部有些岗位重叠，如班委中的文体委员和团支部里的宣传委员，容易造成工作冲突和扯皮，影响工作效率。

4. 平式结构

平式结构是在直线职能式结构的基础上再增设两个部，即纪检部和学习部，使其与班委、团支部平行，学习部下设各学科课代表。

平式结构的特点：一是由于采用扩大管理跨度和减少管理级数的形式，使由下到上的依赖性有所降低；二是扩大了管理跨度，可淡化班主任的管理意识，强化服务指导意识，更好地培养学生自我管理、自我教育的能力；三是突出学习的重要性，充分发挥课代表对学科学习的带头作用；四是增设纪检岗位，发挥组长的管理作用，实现学生自治。

平式结构的不足：一是管理队伍的扩大，增加了班主任管理指导的难度；二是岗位设置多，工作容易流于形式。

可以看出，每个模式都有其自身的优缺点。班级采用哪种模式，要根据班级的实际情况而定。再则，模式不是一成不变的。为了实现班级组织目标，应不断改变结构形式，设计出适合自己班级特点的最优组织结构。

班主任在设计组织结构模式时需要注意这样几点：第一，更换、合并、撤销班级组织构成要素时，要有利于实现班级目标；第二，在明确分工、密切协作的前提下，要严格岗位责任制；第三，岗位设立要有利于调动学生的积极性，培养、提高学生的能力，实现自我管理、自我教育的目的；第四，班级管理组织结构要相对稳定，但也要根据班级的发展变化和学生的思想、生理、心理、品德及能力状况进行调整。

第三节　选拔和培养班干部

　　班集体的建设离不开班干部，班主任必备的一项技能就是选拔、培养班干部。选拔班干部并不是班主任根据自己的个人喜好，"钦定"几位同学来做自己的助手，而是应该采取民主选拔的办法，这样才能方便以后的班级管理。培养班干部则是选拔班干部之后最重要的事情，另外，班干部的定期轮换，也是班主任要考虑的事情。

　　民主选拔班干部，既有利于充实和完善班干部队伍，又有利于培养学生的民主思想、主体意识，调动全班学生参加班级活动的积极性。由于班干部是通过学生民主选举产生的，所以能得到学生的信赖和支持，这有利于他们创造性地开展班级活动，也有利于增强班集体的凝聚力。

　　选拔班干部一般在班会上进行。开班会时，班主任首先要发动全班同学讨论班干部的标准。要让每个学生发言，说一说对班干部的要求和希望。在大家充分讨论的基础上，班主任总结出班干部的标准，即学习好，有较强的学习能力；身体好，平时积极锻炼身体；有较强的组织能力和口头表达能力，以便开展班级工作，组织班级活动；思想品德好，能关心他人，真心实意地为同学和班集体服务。

　　接着，进行选举工作。选举前，可让每个小组推选一人，组成班干部选举筹备小组。筹备小组负责选票制作、点票、唱票、计票、监票和宣布选举结果等工作。选举开始前，筹备小组组长要向班主任汇报准备工作的进展情况，以及筹备小组成员和班级同学对于选举工作的意见和建议，便于班主任对原来的工作安排进行及时的调整，并随时做好学生的思想工作。各小组根据班干部标准讨论提出候选人。然后，由班主任宣布各小组提出的候选人名单。各小组提出的候选人要超过应选班干部人数的一倍甚至两倍，以便实现差额选举。

投票前，班主任要向全班同学提出要求：①坚持干部标准；②注意班委结构和男女生比例；③必须填满所要选出的班干部人数；④如果学生不同意小组推出的候选人，可填上自己认为合适的人选；⑤正式投票选举应采用无记名投票；⑥投票选举是学生的神圣权利，应郑重地投上自己的一票。如果候选人较多，投票选举后发现得票最多的前几名学生有的不超过半数，可取前几名，但比要选的班委会成员人数多一两名，然后再次进行投票选举。

投票结束后，由筹备小组负责人或班主任当场宣布选举结果，以增加透明度。当选班干部要向全班同学讲话，介绍自己对班级工作的设想。班主任接着发言，充分肯定民主选举方式和选举筹备工作小组的成绩，肯定当选班干部的优点，号召同学们尊重自己选举产生的班干部并支持他们的工作。

班干部选拔产生以后，班主任大量的工作便是培养、指导和提高班干部独立工作的能力。培养班干部可从以下几方面进行。

1. 摸清班干部的思想脉搏

通过谈心、家访，了解班干部的内心活动，从中加以分析、引导，纠正可能产生的"当干部不划算"、"吃力不讨好"等消极情绪，使他们懂得当好班干部不仅是学校对自己的要求，也是全班同学对自己的委托和信任，以培养其愿意为大家服务的意识。

2. 培养学生当干部的热情

集体活动是培养班干部的重要途径。主题班会、节日庆祝会、校运动会、体育竞赛、春游、社会调查等，都是班干部展现其才干的舞台。在这些活动中，应当让班干部在"台前"亮相，而班主任在"台后"指导。这样，就会不断增强班干部的积极性和为集体服务的热情。班主任在实际工作中予以指导，是培养班干部的主要方法。

3. 处理好学习与班级工作的关系

班干部上任以后，班主任要帮助他们做抓紧时间的"有心人"，使他们处理好学习与工作的关系，做到既善于工作又善于学习。对一些学习上存在困难的班干部，班主任要发挥任课教师的作用，对他们进行个别辅导，使他们逐步闯过学习上的难关，坚定当干部的信心。

4. 支持、鼓励并发挥班干部的特长

班主任要充分相信班干部，放手让班干部开展工作。这并不是说班主任放任自流，而是在宏观上加以指导和调控，使学生干部各司其职，各负其责，做到班内事事有人管、人人有事做。班主任要从繁琐的班级事务中解脱出来，花时间和精力提高学生干部的能力。对班干部既要交给任务，又要教给方法；既要热情鼓励，又要严格要求；既要在培养中使用，又要在使用中培养。支持、鼓励并发挥其特长，是使用班干部的主要方法。

最后，需要注意的是，班干部要定期轮换，这是为了给学生自我表现提供机会。学生当干部，既是工作的需要，也是成才的途径。每个学生都有成才的愿望，而学生干部总是少数。实行班干部定期选举轮换，可以使更多的学生自我表现，得到锻炼和发展；也可以使多数学生有为同学和班集体服务的机会，增强管理能力、组织能力和竞争意识，从而使班集体充满生机与活力，形成生动活泼的局面。

第四节　班级活动的意义和类型

　　班级活动是建设班集体的重要组成部分，同时更是学生认识客观世界、认识他人与自我、适应学校生活与社会生活的重要途径。班集体的形成，需要通过一系列教育活动；而班级活动的有效开展，可以促使班级目标的实现。班主任应根据班级活动的特点，为学生提供创新的氛围和一定的空间，鼓励和引导学生在各项班级活动中思索、探求、创造，从而培养学生的创新精神和实践能力。

　　班级活动是指在教育者的组织和领导下，为实现教育方针和培养目标，完成学校的教育工作计划，组织班集体全体成员参加的一系列活动。它包括思想品德教育活动、课外活动、劳动活动等。它是班主任向学生进行政治、思想、道德、心理教育的基本形式，是通过学生集体来教育和影响学生个体的较为普遍采用的教育形式，也是学生个体进行自我教育行之有效的方式。从这个意义上说，班级是学校实施教育教学的基本单位，整个学校教育功能的发挥主要是在班级活动中实现的。

　　班级是学生发展成为社会人的重要环境。个体要生存发展，必须首先适应社会，实现个体的社会化。一个良好的班级，作为一个小社会，对学生个体社会化起着重要的促进作用。丰富多彩的班级活动，会促进学生个体不同能力、不同兴趣爱好的发展；同时，各种形式的人际交往能够促进学生自我意识的发展和健康个性品质的形成，从而形成个体的独特个性。

　　因此，除了教学计划中规定的政治理论课、时事学习和思想品德教育课以外，班主任要尽可能多地组织一些课余活动，对学生进行生动、形象、具体的教育。班级活动要不拘形式，活动规模可大可小，内容丰富多彩，并且紧贴学生生活实际，从学生个性发展需要出发。班级活动主要有以下几种类型。

1. 政治性活动

政治性活动是以思想品德教育和行为规范训练为主要内容的班级活动。政治性活动经常通过班会、团队活动、传统教育活动，以及学先进、树新风活动等，使学生受到政治思想教育和社会公德教育，养成良好的行为习惯。班会是班主任为加强班集体建设而召开的一般性班级会议，或者是捕捉教育时机、为辨明事理而召开的主题性会议。团队活动则是为加强团队组织建设，或宣传某种思想、某个观点或学习某种精神，通过共青团、少先队组织而开展的集体活动。班主任、辅导员要准确地掌握这些活动的性质和特点，认真发挥好各自的教育作用。

2. 知识性活动

知识性活动是以培养对基础学科的兴趣、扩展并运用学科知识、加强技能和智能训练为主要内容的班级活动。知识性活动主要是通过组织课外兴趣小组、举行班级知识竞赛、学习操作微机等各项活动，吸引广大学生积极参与。各项活动都要体现知识性与趣味性相结合，使知识性活动成为开阔学生知识视野、提高学生智力水平、发展学生能力特长的摇篮。

3. 娱乐性活动

娱乐性活动是以培养学生在文艺、体育方面的兴趣、技能为主要内容的班级活动。娱乐性活动通过组织演唱会、艺术品欣赏等活动，培养学生健康的审美情趣，形成高雅的情操，发展学生对艺术的爱好与特长。通过开展田径、球类、棋类等体育竞赛活动，使学生养成自觉锻炼的习惯，不断增强体质。

4. 实践性活动

社会实践活动旨在沟通学校、社会、家庭之间的联系，把学校教育同社会教育紧密结合起来，进而提高学生的社会实践能力。实践性活动通过组织学生参观访问、实地考察、写调查报告，以及参加公益劳动和社会服务等活动，引导学生接触工农，了解社会，增强热爱劳动人民的感情和社会责任感。

需要指出的是，班级活动一般应让学生自己组织、自己设计、自己操作，班主任主要起指导作用而不能包办代替，这样有利于培养其组织能力和创造能力。学生通过独立的活动，向众人展示自己的能力，获得心理上的满足，从而进一步增强信心，发挥创造性。当然，对班级活动进行必要的指导，这是班主任应该而且必须做到的。

第五节 组织班级活动的方法

虽说班级活动的主体是学生，但班主任对班级活动必须是全程参与的。一般来说，班主任应该在活动选题、活动计划、活动准备、活动实施和活动总结几个方面，扮演好自己的角色，这样才能保证班级活动取得理想的效果。

1. 确定班级活动的选题

确定活动选题，这是组织班级活动最初也是最重要的工作之一。活动的题目选不好，活动就搞不好。我们所说的选题，主要是指活动内容主题的选择和确定。选题需要经过以下三个层次的工作：

一是班主任的充分思考。班主任对每项活动事先要心里有数。选题设想要注意几个方面：第一，班集体奋斗目标和班集体建设计划是否适合当前班集体建设内容的需要；第二，班集体的现实情况是否有急需解决的热点问题；第三，是否与学校的教育计划和教育活动安排冲突。这几个方面是班级活动选题的重要依据。有不少班主任早在学期之初，就已胸有成竹，对每个阶段的活动有了安排。但此时，也还需重新审度一番，看看原来的设想与当前的形势是否完全适合。如有不适合之处，需作必要的调整。

二是班委会的充分讨论。班主任可以把自己的设想向班委会成员报告，也可以引导班委会进行酝酿，特别要引导班委们考虑几个方面的参照情况。要允许学生提出独立的见解，在大家畅所欲言的基础上进行归纳。大致内容确定之后，商量活动如何进行。

三是由班委会向同学征求意见。班委会要采取个别交谈或开小型座谈会的方式，征求全班同学的意见。对同学们的反馈信息，要认真收集、整理，作为组织活动的重要参考。有些活动，还可征求任课教师、校领导以及部分家长的意见。

2. 制订班级活动的计划

选题确定之后，由班主任和班委会共同制订活动计划，并且落实组织工作。活动计划应该包括以下内容：活动的内容和目的、活动的基本方式、活动的组织领导、活动的时间和地点、活动的具体准备工作等。活动计划应该由活动的负责人书面写成。每一项内容要反复斟酌，以便落实。组织领导要明确具体分工：谁总体负责、谁负责宣传、谁负责对外联系、谁负责组织发言或节目、谁负责布置会场、谁做主持人等。

在组织工作中，有两点要特别注意：一是发动全体同学参与活动，尽最大努力消灭"死角"。针对班级存在的问题开展活动，更要注意与问题有关的同学的活动"角色"。要选择适合的"角色"让他们承担，以突出活动主题，发挥教育作用。二是考虑可以借助的力量，请能为活动"增色"的班外人员参加。

3. 做好班级活动的具体准备工作

准备工作的关键是抓落实，主要负责人要检查每一项任务的落实情况。有些任务，难度较大，要多花精力，比如要求同学发言或演节目的活动，要写稿子、提纲或进行排练，否则就难以保证质量。又如外请人员讲话，更需要具体落实。对方是否有时间，希望对方讲什么内容，都需要提前确定好。

在准备工作中，主持人如何主持活动是不能忽视的。他必须对主持过程有详细计划，而且要写出主持词。开头与结尾以及中间各活动内容的衔接都要写好，并进行必要的演练。

4. 班级活动的最终实施

活动实施是班级活动开展的关键步骤，也是活动全过程的高潮。如果准备工作做得充分，达到高潮就有了基本的条件。为了保证活动的成功，需要注意以下两点。

第一，全班同学的精神状态。活动实施前的一至两天时间，班上要创造一种准备积极投入活动的态势，发出具有鼓动性和号召力的信息，班级骨干和每个成员都要表现出积极的姿态。此时，往往会出现干扰因素，比如班上出现了某种偶发事件，引起情绪波动，或者有人对活动抱怀疑态度。这需要班主任和班委会及时作出处理，调整大家的心理状态，使干扰降到最低限度。

第二，处理好活动过程中的偶发事件。活动进行过程中，难免出现始料不及的问题：突然停电，录音机卡壳，发言或表演节目的人过分紧张忘了词，突然有人不舒服……除非出现使活动不得不停止的事情，否则应妥善处理偶发事件，继续进行活动。必要时，班主任要出面说几句话，使大家保持平静。

5. 搞好班级活动总结

活动究竟搞得怎样，收获有多大，缺点是什么，都得通过活动总结才能清楚。总结的方法多种多样，如开小范围的座谈会、写活动总结、广泛征求意见、开全班总结大会等。不管用一种或是几种方式，班委会的总结是必须进行的。班委会要对活动的全过程进行反思，从选题开始，直到结束。班委会的总结内容，还要以口头或板报的形式通报全班同学，以便听取反馈意见。

第六节 班级活动的创新

班级活动是促进学生的身心发展与班级进步的重要手段，然而班级活动中却存在着一些问题：有的目标模糊，针对性不强；有的内容缺乏时代感，令学生厌烦；有的过于集中在德育或文体活动上，而忽视科技教育、网络教育、心理健康教育；有的形式呆板，一味灌输，缺乏趣味性……那么，怎样才能使班级活动不断创新呢？

1. 班级活动的观念创新

班级活动能否创新，关键在于教育者的观念。班主任要树立教育民主观和现代学生观，承认学生的主体价值，建立起民主和谐的师生关系。要认识到学生具有巨大的潜能亟待开发，开展班级活动是开发学生潜能的有效途径；要承认学生是具有主体地位的人，尊重学生的主体人格，激励学生主动参与班级活动。学生参与班级活动是一种认识、实践、感悟的过程。没有学生的主观能动作用，认识、实践、感悟就不可能有效地进行。主体的感知、思维、想象、体验是别人无法代替的，主体认识的内化过程也是其他人无法代替的。因此，在班级活动中，班主任必须调动学生的主观能动性。

班级活动的创新是指由学生和教师一起选择、设计出新颖独特、主题鲜明、教育意义深刻的班级活动，并由师生积极参与、全员合作、培养学生主动性的一种教育方式。班主任应为学生提供创新的氛围、契机和一定的空间，鼓励和引导学生在各项班级活动中思索、探求和创造，从而培养学生的创新精神和实践能力。

在班级活动中，班主任常常扮演组织者和领导者的角色，学生则常常扮演服从者和参与者。久而久之，学生就会缺乏创造热情，机械地或被动地成为听话和服从的"好学生",这样就把学生的创新意识和创造热情压抑了。如果班主任能够让学生在活动实施前与学生进行平等的讨论,鼓励学生敢想、敢说、敢做,这样就会形成一个宽松的氛围。一个民主、自由、和谐的氛围,能够为学生创造力的爆发提供极好的空间。

2. 班级活动的手段创新

如今,大家面对的世界日新月异,教育环境更是今非昔比。在强调课程知识体系创新、学生能力创新的同时,班主任应该在班级活动的内容、方式、途径等方面有所创新。创新是一种智慧,这种智慧需要在日常工作中积淀。一个好的班主任,决不满足于一成不变的教育模式,而是让班级活动搞得有声有色,让学生不断产生惊喜,觉得太阳每天都是新的。

随着时代的发展,科技给我们的生活带来了很多的变化和精彩。班主任应根据这些变化丰富班级活动。比如,对于学生而言,手机、MP3、学习机、电脑、网络、游戏是这个时代赋予他们的一种享受、一种时尚。我们不能将学生与这个社会隔绝,要尊重这种时尚的存在,并利用这种时尚为教育,特别是为班级活动注入新的元素。

几十年的应试教育在教师的心中烙上了烙印,也为学生设计了人才的标准模式,即读书考试。为了在考试中有效地考得分数,就连学生的班级活动也成了应试教育的阵地,把学生的思维固定在考试内容的狭小范围内。这种标准化、重复性、极端枯燥的训练,侵犯了素质教育的领地,实质上扼杀了学生的想象力和创造力。

班主任应该创设有趣而又有意义的班级活动,营造一种宽松的教育氛围,给孩子们一片自由想象的天空和净土,在班级活动中积极地成长。班主任应该充分利用班级活动开发学生的智力,发掘学生的潜能,激发学生的创造意识,使我们的学生成为创新型人才。

很多班主任在设计班级活动时,常常埋怨素材的缺乏与手段的陈旧。其实,班级活动的创新在很多时候仅仅是需要一个新鲜的主意、一个特别的手段,班主任所要做的,就是找到它。

第六章

班级常规管理和文化建设

　　班级常规管理就是根据班级制定的规范对班级经常进行的、相对稳定的、集体认同的工作进行的管理。班级常规管理是学校管理的重要内容，班级常规管理的有效开展，有助于促进全班学生的健康成长和发展，它是班级文化建设的组成部分。

　　班级文化可以称得上是一个班级的灵魂。建设班级文化应以文化为切入点，以文化教育人、感染人、熏陶人，主要是从优化班级环境和铸造班级精神着手，为学生的学习和生活创造一个充满友爱、温馨的环境。

第一节　班级常规管理的内容

班级常规管理在班级管理中具有非常重要的意义，学生在学校的大部分时间是在班级中度过的，班级是他们学习、活动、交往的主要场所，常规管理对保证学生的学校生活正常开展尤为重要，有着重要的意义。

1. 培养学生遵守规范的意识

学生在学校学习和活动的过程也是他们逐步学习适应社会生活的过程。班级的常规管理为学生提供了日常学习和交往等活动的基本规范和行为指引，使学生的行为有章可循，有据可依。这对培养学生的规范意识、遵纪守法意识具有重要的意义。尤其是在当今法治社会中，社会生活对公民法治意识的要求进一步提高，中小学生遵纪守法意识的提高对规范他们的在校行为以及校外社会生活行为都很有意义。所以，班主任要重视在班级常规管理中有意识地培养学生的遵守规范的意识，为社会培养合格的公民。

2. 规范班级的行为，养成良好的行为习惯

班级常规管理能够有效地促进学生集体意识和班级精神的形成，统一班级学生的思想和行动，形成良好的班级舆论，帮助学生养成良好的行为习惯。学生良好行为习惯的养成是一个渐进的过程，通过班级的常规管理，引导学生逐步从将规范作为外在的要求，对照约束自己的行为，到自觉按照规范的要求调整自己的行为，进而到将规范内化为对自我的要求，外化为自己的自觉行为，最终成为一种习惯，不论是否有外力的监控都自觉执行规范的要求。常规管理在促进学生良好行为习惯的养成中具有不可替代的作用。

3. 保证班级管理的有序运行

班级各项工作的有序运行需要制度的保障。班级常规管理能够为班级各种活动的有效开展提供制度的保证，为班级工作的正常运作和学生的有效发展提供有利的条件。

那么，班级常规管理都涉及哪些方面呢？这是由班级经常性的工作都有哪些来决定的，班级经常性的工作主要包括学习活动、日常纪律、环境卫生、班务档案等各个方面，所以，班级常规管理也就是对这些方面的对应管理。

1. 班级学习活动的常规管理

学习是学生最主要的活动，对班级学习活动的管理也是班级常规管理的主要内容。学习常规的内容包括对预习、听课、复习、作业、考试以及其他相关的学习活动的常规。切合学生实际的学习常规对提高学生学习质量具有积极的影响。

班主任应该重视学习活动的常规管理，通过引导学生制定相关的学习规范，帮助学生养成良好的学习行为习惯，提高学习的效率，优化学习的效果。比如，班主任可以建立这样的学生学习制度：

（1）要有明确的学习目的，有刻苦的钻研、知难而进的学习精神。

（2）不偏科，不弃学，要有广泛的学习兴趣，不断扩充知识面。注意发展自己的特长爱好。

（3）学习认真，一丝不苟，实事求是，能虚心求教于别人，又热心帮助别人，有良好的学习品质。

（4）预习功课，并能够掌握教师的教学方法，熟悉"四遍八步读书法"等，能够记预习笔记。

（5）上课认真听讲，积极思维，勤动脑、动手，大胆质疑。认真记好学习笔记，不仅要掌握必要的文化知识，还要掌握解决问题的方法，提高自己的学习能力。

（6）课后要认真做好复习，学会使用工具书及参考资料，作业认真工整，按时完成，对作业中的错误要及时纠正。

（7）积极参加科技小发明、小制作、小论文等课外活动，积极参加各种学习竞赛及课外辅导，积极参加学校各种劳动和必要的社会活动。认真上好劳技实验课。

（8）勇于自学，既坚持课堂上在老师指导下的自学，又坚持自己计划中的自学，探索自己学习的过程与收获。学会自己管理自己，不断提高自己的自学能力。

（9）每名学生每个学期必须确定一个自己的座右铭，确定一个本班级学习的榜样和追赶的目标，以鞭策自己的学习。

（10）认真制订学习计划，不断总结学习经验，科学使用学习时间，不断提高自己的身心健康水平，形成良好的学习习惯。

2. 班级纪律的常规管理

班级各项活动的开展需要有良好的纪律做保障，所以规定班级开展各种活动的纪律也是班级常规管理的一个重要部分。班级纪律常规包括课堂纪律常规、考勤登记常规、会场纪律常规等，这些纪律常规是保证班级活动有序开展的重要条件。

以会场纪律常规为例，就可以做类似如下的规定：

（1）按时参加会议，以班为单位按指定地点就座。

（2）进入会场后，要保持会场肃静，提倡会前唱歌。

（3）开会期间，要尊重发言人，认真做好会议记录，不看书报，不随意说话，不打瞌睡，不做与会议无关的事情，不要随便进出会场。

（4）服从会议主持者的调动和指挥，对会议讲话人要有热情，有礼貌，认真听讲。

（5）会议结束时，严禁喧哗，要有秩序地退出会场。

3. 班级卫生及环境的常规管理

班级是学生学习和活动的重要环境，对学生的发展具有潜移默化的作用。班主任应该重视对班级环境的建设管理，力求为学生的成长营造良好的氛围。班级环境的常规管理主要包括班级卫生执勤的常规管理、班级卫生管理、班级环境布置、公物的管理、班级学生卫生习惯的养成管理等。

4. 班级班务的常规管理

班务常规管理是对学生参与班级事务的管理，如班级民主议事制度的落实、班级岗位责任制的落实、班级评先奖优规定的落实、班级活动开展的程序化管理以及班级档案资料的管理等。

第二节　班级常规的制定和实施

　　班级常规的制定是常规管理能够取得实效的重要前提。因此，班主任应该了解和掌握常规制定的程序和方法，使制定出来的常规能够在管理实践中发挥应有的作用。

　　班级常规的制定应该有助于实现班级常规管理的科学化、制度化、程序化和效益最大化。因此，要求班主任指导学生共同制定班级常规，而不是包办代替；明确制定常规不是为了管理而管理，而是为了培养学生的法治意识、规范意识，发展自我教育和管理的能力，达到"管是为了不管"，最终实现"不管"的目标。

　　制定班级常规的依据主要有三个方面：一是中小学学生行为规范；二是学校有关的规章制度；三是班级学生的具体情况。

　　《中小学生守则》、《小学生日常行为规范》、《中学生日常行为规范》是班主任指导学生制定班级常规的重要依据，制定班级常规应该与这些要求相吻合。

　　学校的有关规定也是制定班级常规的重要依据。学校一般都会根据培养目标制定对学生教育管理的基本要求，这些要求是基于学校的性质及培养目标而提出的。班级常规管理的目的是帮助学生形成良好的习惯，促进学生综合素质的提高，因而，班级常规的制定必须符合学校的基本要求。

　　此外，班级学生的实际情况也是制定班级常规不可忽视的因素。班主任应该根据班级学生的年龄特点和年级特点，以及班级学生具体的发展水平等实际情况制定班级常规，才能使班级常规切合实际而得到有效的落实。

　　班级常规一般要怎样制定才有利于具体的落实是很多班主任共同关心的，常规的制定如果是班主任一厢情愿，那么这些规范可能会成为一纸空文，难以得到贯彻。所以，班主任要努力使班级常规的制定过程成为学生统一认识和认同班级目标的过程，成为教育和发展学生的过程。为达到这样的目标，班主任可以考虑将常规的制定根据"教师引导—学生讨论—修改确定—逐步完善"的步骤来展开。

一份有效可行的班级常规的制定，需要班主任在指导学生制定常规的过程中既讲科学又讲艺术。讲科学就是指要按照教育的规律引导学生开展相关的活动；讲艺术是指班主任应该有教育的智慧，善于将工作做到学生的心里，充分调动学生的积极性，发挥学生的主人翁精神，让学生真正将班级的发展与自己的成长紧密联系起来，关注班级的发展，为班级的发展贡献自己的聪明才智。

1. 关注班级常规的必要性和切实性

班级常规的制定要考虑常规的必要性和切实性，即应该对班级经常组织的活动和发生的事情进行必要的规范，使这些活动得以有序开展，并使班级对学生的行为管理有可以遵循的依据。因此，制定常规要将班级中各种可能发生的行为都尽量考虑到。

2. 强调班级常规的具体性和可操作性

班级常规的制定要强调具体可行，具有可操作性，便于在班级常规管理过程中对照执行。所以，班主任在指导学生制定班级常规的过程中要注意加强这些方面的指导，各项规定能够量化的尽可能量化，对于一些属于思想精神层面的规定也尽量将其外化为可以观测的行为，再加以量化，避免含糊不清，影响到管理落实。

3. 注意认真讨论和充分论证

班级常规的制定要在班主任的指导下，根据一定的原则来制定，经过班级学生的认真讨论和充分论证，不断修改完善，并获得一致的通过，才能使班规的执行更有效。因为经过学生的认真讨论和充分论证，可以使班级常规的内容全面反映班级各方面活动的要求，减少漏洞，在执行过程中具有可操作性，避免出现随意性，促进班级真正实现"依法治班"。

班级常规的制定就是为了更好地规范班级的各项活动，而制定出来的常规要在实践中得到更好的落实，还需要班主任进一步的引导和教育。

1. 注意常规制定过程与教育引导相结合

班主任应该注意将常规的制定过程与对学生的教育引导相结合。一方面，制定常规是为了引导和教育学生，规范学生的行为，培养学生良好的习惯；另一方面，教育引导学生，提高学生的思想认识，统一班级行动又为常规的落实提供良好的基础，使常规管理的实效性能够得到进一步的提高。

2. 重视班级常规的建设和逐步完善

班级常规的制定实际上是一个逐渐完善的过程，因此应该注意指导学生在常规执行的过程中及时发现问题，及时修订和完善班规。

班级刚组建阶段制定的常规在执行过程中难免会出现一些漏洞，需要及时补充修订；而随着班级的发展，常规管理过程中也可能发现原来制定的规范存在不恰当的地方，需要进行调整，所以，既要重视班级常规的建设，也应该重视班级常规的逐渐完善。

班级常规的建设和完善应该调动学生的积极性，发挥学生的主体精神，鼓励学生注意在班级管理过程中发现问题，提出改进意见，进行补充修订或调整。

3. 强化常规执行情况定期与不定期的检查落实

班级常规管理是重在对平时的学习、活动等班级生活过程的管理，是通过具体扎实的教育引导和训练逐步来促进学生规范意识和良好行为习惯的形成。所以，班级常规管理应该重视对常规执行情况的检查，通过将定期和不定期的检查结合进行，便于及时发现存在的问题，分析原因，制定改进的措施。同时，可以结合检查的结果开展必要的教育引导，巩固常规管理的效果。

4. 优化常规执行过程中奖惩手段的运用效果

班级常规的落实既要有制度的保证，也需要有激励手段的辅助。在常规管理中根据检查的情况及时采取一些奖惩手段，有助于强化检查的效果，优化管理的实效。所以，班主任要善于利用奖惩手段，促进常规管理的有效开展。如通过正面激励，树立执行常规的榜样，利用榜样的示范作用影响学生的行为。有的班主任对学生采取评每周的"礼貌之星"、"读书之星"、"纪律之星"，还有"岗位之星"等活动，激发学生执行常规的自觉性和积极性；有的班主任设计"学生成功储蓄箱"或"成长记录册"、"班级成长手册"等，将学生在执行常规中的点滴进步记录下来，也对学生良好习惯的形成发挥了积极的促进作用。

第三节 班级文化的构成

班级文化具有无形的教育功能、激励功能、制约功能。这些功能一旦形成，就会产生巨大的力量，加速班级的发展。加强班级文化建设，努力营造积极、健康向上的班级文化氛围，是班主任提高班级管理水平和促进学生发展的重要内容。

班级文化包含很多要素，主要由青少年文化、同辈文化、教师文化、教育文化构成。班级里的各种文化要素并非彼此独立、孤立存在，而是相辅相成，互相影响的。作为班主任，要认识班级文化构成的复杂性，认识各种文化存在的合理性与必然性，在此基础上开展班级文化建设。

1. 青少年文化

青少年文化是一种现实存在的文化。随着中小学生主体意识的觉醒，他们开始有自己的独立见解，并要创造出属于自己的文化。这种文化必然以某种方式表现出来，如选择自己喜爱的衣服、发型，对各类明星的追逐，对动漫的迷恋等。这是正常的心理和行为，是新一代人成为主体的最初尝试。否认青少年文化的必要性，也就是否认学生成长的可能性。

班级文化必然包含青少年文化。青少年文化即学生文化，是学生价值观、思考方式、行为模式的总称。它反映了年轻一代特有的文化倾向，对学生的学习成绩、抱负水平、个性的形成有很大影响。

班级文化离开了青少年文化，就会了无生气，就会对学生的发展产生不利的影响。班主任要积极、主动地了解青少年文化，加强与学生的交流，在班级中为青少年文化的发展留有余地。对于青少年文化中的消极因素，不能简单地加以禁止，而要抓住时机积极引导，变不利为有利，变"盲目崇拜"为"榜样示范"。

2. 同辈文化

在班级中，经常可以看到有些学生三五成群，形影不离。这就是学生中的同辈群体。同辈群体是学生自发形成的非正式群体，是由于有相同或相似的爱好、兴趣、观念以及空间距离的接近等建立起来的。对于中小学生而言，同辈文化的影响居于重要的地位。它不以人的意志为转移而客观存在，任何行政命令都不能禁止其形成和发展。在同伴的共同追求中，在相互的交往中，学生的交往能力、合作能力、共同生活能力得到了发展。

同辈文化从教育价值上可以分为积极的同辈文化、中性的同辈文化、消极的同辈文化。在班级中，积极的同辈文化是指能够给学生以积极的价值参照，促进学生身心健康、全面发展的同辈文化，如班级中按照成绩由优秀生和后进生组成的学习小组；中性的同辈文化是指没有价值判断的同辈文化，如各种兴趣小组；消极的同辈文化是指提供给同学与社会主流文化相抵触的价值观和行为规范，如有些学生受同学的劝诱去作弊或偷盗。班主任应该对班级中存在的同辈文化加以调查，对于积极的同辈文化要大力支持与鼓励，丰富班级文化的内容；对于消极的同辈文化要设法消除。

3. 教师文化

教师文化是指教师作为人类文化的传递者所具有的价值观念和行为方式，一般由教师的教育思想、学科知识、文化教养和个性人格，以及教师集体的目标、人际关系等组成。教师文化代表了成人世界的经验，既体现出人类文化传播者所具有的文化素养，又包括教师对于自己所从事职业的态度。

4. 教育文化

教育文化是依据一定的教育目的，对人类的文化遗产进行选择后传递给新生一代的文化以及传递文化的活动。它反映了主流社会的文化。教育文化包括一定的物质存在、教育者自身的文化素质、教育活动、教育制度。

　　教育文化作为外在的、社会的、制度性的要求，不会自动地对学生的发展起作用；只有通过班级文化被学生自发地接受，成为班级成员内在的、主体的文化时，才能充分发挥其积极的作用。

　　教育文化作为一种文化传递活动，对学生发展的价值是不言而喻的。家长把孩子送到学校，就是为了接受教育文化，从中获得未来发展所需要的"养分"。班主任作为社会的代言人，把班级管理好，就是为了给学生创造一个有利于教育文化发挥作用的环境。在一个班级里，积极的教育文化影响是以良好的班级精神为前提的。学生价值观的形成离不开知识的获得，更离不开生活的特定环境——班级。班级为学生形成共同的价值追求创造了条件，学生也必然在班级中形成自己的价值观和行为规范。班主任要通过自己的努力，争取一切教育力量，建设具有特色的班级文化。

　　教育文化和教师文化依据制度的力量在班级文化中占据着优势地位，但青少年文化、学生同辈文化的作用也不容忽视。而且，随着学生年龄的增长，年级的升高，学生文化对班级文化的影响和作用逐渐加强。青少年文化、同辈文化、教师文化、教育文化等在班级里发生冲突，是一种正常的现象。此时，班主任一定要把握全局，抓住机会，促进各种文化的融合。当学生文化与教育文化发生冲突时，班主任要发挥自己的教育智慧，想方设法使学生接受学校的各项要求。

第四节　优化班级环境

优美的班级环境有利于陶冶情操，美化心灵。苏霍姆林斯基说："只有创造一个教育人的环境，教育才能收到预期的效果。"教室的布置，是班级文化的重要组成部分。教室里整齐、美观、清洁的布局，会给人赏心悦目之感，从而让学生在课堂上保持饱满的情绪。因此，班主任要有班级经营的理念，要善于营造一个人性化的、温馨的教室环境。

班级环境的布置，是班级文化建设最基本的内容。它不仅体现班级的精神面貌，而且直接影响到学生的心理健康。因此，要精心布置每一个空间，使其既温馨舒适，又催人进取。班级环境布置应当体现以下原则。

1. 显示班级个性

一项关于班级文化的调查发现：有73%的学生不能说出教室里的标语和名人名言是什么，班级文化已流于形式。每个班级要设法使自己的教室具有特色。当然，班级的个性不仅仅表现为外在的标志、文字等，更需要班主任发挥引领作用，发掘内涵，形成真正的个性。

2. 强化学生主体

创建班级文化环境，要摒弃由教师和少数同学包办的传统做法。现在的中小学生思维活跃，个性突出，民主意识强烈，这就要求班主任充分正视学生的特点，激发学生的主动性和积极性，给学生创新的思维空间、实践的舞台、展示自我的机会，让学生成为班级文化环境建设的主体。

3. 发挥激励作用

班级环境的布置，不仅要给学生以美的感受，更要具有直接的激励作用。现在我们经常看到的情况是，一些班级的教室，装扮得非常漂亮，但是处在其中的时间久了以后，就会觉得缺乏实在的内容，是一种空洞的美。所以，班主任在班级环境布置中，要注意让其拥有激励的内核。

除了班级环境的布置，班主任应该更加注重班级文化环境的营造。马克思说："人创造环境，同时环境也创造人。"幽雅的人文气息，厚重的教室文化，这种潜移默化的影响是不言自明的，甚至往往具有滴水穿石的力量。那么，班主任如何营造有利于学生发展的班级文化环境呢？

1. 净化教室

教室的净化是一个班级精神风貌的外在表现，是教室文化建设的基础。教室里应该做到"五无"，即地面无杂物、痰迹，墙面无污渍，桌椅无刻印，门窗无积尘，卫生无死角，给人以干净、清爽的感觉。对教室里各种设施的摆放，要有明确的要求：小组桌椅的排列既要左右对称，又要前后等距；各小组课桌之间的通道，要横平竖直，保持通行的顺畅；平台上的电教用具、学生的作业本、学具等要摆放整齐，卫生柜、小黑板等要摆放有序。

2. 建立生物角

生物角的作用在于培养学生具有爱心、耐心、恒心。建立生物角，可以使教室具有生活气息，充满勃勃生机。一个班级有了花、有了鱼，虽然可能发生把花盆碰翻、把鱼缸打碎的情形，班主任会因此而处理一些类似这样的事情。但是，这恰恰能够约束学生的行为，激发学生的责任感，培养学生的生活情趣。作为班主任，应该给孩子提供更多感悟成长的方式，使他们的生活富有情趣，并让他们学会关爱生命。

3. 建立图书角

高尔基说："我读的书越多，我对世界越加感到亲切，生活对我越加变得明亮和有意义。"班主任要为学生营造读书的氛围：通过发动学生从家里带书、师生捐款买书和订阅杂志等办法建立班级资料平台，由学生轮流担任管理员，负责图书的编码和借阅；安排读书时间，制订读书计划，对学生的阅读进行指导；在班级里搞读书征文活动，让学生养成写读书笔记的习惯，仔细体味读书的快乐。当师生走进书香弥漫的一方小天地，会油然升起一种庄严神圣的感觉。

4. 布置教室墙面

班级要成为学生身心舒展的精神家园。对于墙面布置、出黑板报和宣传栏等工作，班主任要放手让学生去做。这样既使学生的动手能力得到锻炼，也让孩子们的心声得以倾诉。

在教室的门外，可以悬挂一个富有特色的镜框，镜框内有班主任寄语、班级特色、班风等栏目和班主任及任课教师的名字，以此激励教师时时处处严格要求自己，一言一行成为学生的表率。教室的墙壁上，可以贴孩子们自己选择、自己撰写的名人名言，并定期更换。

黑板报的设计，既要注意与教室环境相配，又要精心选择内容。鲜艳的颜色、合理的布局、新颖的内容会引起学生的兴趣。黑板报要每月更换，每期都要有学生的习作和学生感兴趣的话题。这样，学生对黑板报的内容才能更加关注，墙壁也就"会说话了"。

宣传栏要注重阶段性，及时更新内容，让学生们更好地了解班级的动态，以便于交流。如张贴班级公约，让全班学生明确具体的行为规范；公布学校和班级中各项活动获奖的名单，鼓励更多的学生争取进步；发布学校和班级近期开展的主题活动，组织学生积极参与。

在教室前方黑板或教室后面板报的上方悬挂时钟，可以培养学生的时间观念，让学生珍惜时间，做时间的主人；也可以方便教师上课时更好地掌握时间，调节教学进程。

第五节　铸造班级精神

班级精神是班级文化的核心和灵魂，是全班学生的精神支柱和共同信奉的价值准则，具有强大的凝聚力。它包括群体意识、舆论风气、价值取向、审美观念等。培养班级精神是一项艰巨的任务，班主任要在其中发挥主导作用。

班级精神是班级文化的主要价值取向，是班级成员共同的行为特征。随着学生年龄的增长，教育文化要发挥作用，必须依赖于班级文化。班级精神有积极和消极之分。积极的班级精神有利于教育文化发挥作用，能对学生产生内在的激励作用，获得全面、和谐的发展，进而增强班集体的向心力和学生的归属感，形成健康向上的班级文化氛围。消极的班级精神则对教育文化起破坏作用，使少数人的行为蔓延成一种群体意识，使班级的正常生活由有序到无序，班集体处于一种混乱、失控的状态。学生是否热爱自己的班级，在很大程度上取决于班主任对班级文化的有效把握，取决于一个班级在班主任带领下所形成的班级风气。

班级精神并非自发地形成，而是在协商过程中逐渐形成的。班级是由各种各样的学生组成的，每个学生具有不同的价值观。要让班级中的学生在价值取向上达成共识，需要一个过程。这个过程，就是协商的过程。在班级这个小社会中，教师与学生之间、学生与学生之间、教师与教师之间具有不同的价值观。经过一系列冲突、碰撞和融合，最后逐步形成班级的价值观。

任何班级都有形成积极班级精神的可能，因为每个孩子的心中都需要阳光的滋润。积极班级精神的形成，一方面取决于教育文化是否能满足学生发展的需要，另一方面取决于班主任的职业素养和个人人格。尽管班主任可以利用自己的权威地位，形成主导的价值取向，但往往会因为缺少与学生的交流、对话、沟通，不能够成为全体成员的一致追求。一个看似统一的班级，其实蕴涵着危机。班主任要在了解班级学生的基础上，依据教育文化的要求提出班级的目标；再根据学生的表现和反馈，判断目标是否适合学生，并据此做出进一步的调整和判断，以形成班级精神。

班级精神的塑造，可以通过以下方法进行。

1. 设计班级标志物

（1）班训。班训是班级个性、特色的高度概括和班级精神的标志，是班风、教风、学风的参照目标。它主要是对学生的要求、训导、告诫和防范。班训可长可短，以简洁流畅、特色鲜明、目标明确、有个性为宜。班训贵在践行。

（2）班歌。音乐可以调节身心的紧张状态，舒缓疲劳，提高审美能力。一首好的班歌，可以激励学生刻苦努力，增强班级的凝聚力。在班集体活动以及学校活动中唱唱班歌，给人以集体的自豪感、信心和勇气，对全班学生来说是一种无形的精神力量。

（3）班徽。作为班级的象征，班徽在班级宣传和培养学生的集体荣誉感方面有重要的作用。班徽是班级文化的一种标志。

2. 榜样示范

榜样具有一种无形的鞭策力量，有利于促进学生身心的健康发展。榜样包括现实生活中的各种典型人物、历史人物，以及学生周围的典型人物。学生中的优秀生、班级中的先进同学更具有教育力量。这样的榜样是具体的、真切的，并且具有很强的感召力，可以使学生在耳闻目睹的同时认真思考，在思考和比较中受到鼓励。榜样示范，可以在班级中形成向好学生、好的行为学习的氛围，也可以形成正确的舆论，这是形成班集体的主要手段。

班主任可以在班级中评选"最佳值日班长"、"周好学生"、"月优秀学生干部"、"最佳寄宿生"等，树立典型，鼓舞士气；设立各种"进步奖"，放大后进生的点滴进步，增强他们不断进取的自信心。这样既可以给后进生以希望，也可以给先进生以压力，带动整个班级形成一种积极向上、奋发进取的风气。

3. 开展集体活动

班级活动可以增进师生之间、学生之间的理解，增强学生的合作意识和班集体的凝聚力。一个集体若没有丰富的集体活动，必然死气沉沉，缺乏活力。要想让班集体充满生机和活力，重要的是组织学生开展各项有益的活动；况且中小学生有强烈的表现欲，他们希望通过自身的表现来展示能力和才华，获得认可与成功。通过集体活动，可以让学生得到更多的锻炼机会，同时在班级中孕育团结友爱的风气。

班集体在活动中产生和加强，班级精神也在活动中深化和积淀。班主任可结合重大节日、纪念日，在班级中开展演讲赛、辩论赛、文体活动，让每个学生都有展示自我、表现自我的机会。在活动中，班主任主要扮演导演、倡导者和指导者的角色，要充分相信学生，大胆依靠学生，放手让学生去做。

4. 正确运用网络

网络是一种全新的学习、沟通和娱乐的方式，它为形成良好的班级精神拓展了空间。班级网站、教师博客、学生博客如同一个个精神家园，要利用其不受时空限制等优势，增加师生的相互了解，拉近教师与学生、学生与学生、教师与教师、教师与家长、学校与家庭之间的距离。作为班主任，一定要引导学生正确运用网络，为班级文化的发展争取更多的资源。

第七章
学生心理健康教育

心理健康教育是保证青少年拥有良好学习和生活心理状态的基础，有利于他们适应未来社会的挑战，同时也为其接受终身教育提供了一个优良的心理平台，符合现代人对心理健康的需求。

为了实现素质教育对新时期培养学生的要求，作为班主任，必须学习心理学方面的知识，知道心理健康教育的内容和原则，掌握心理健康教育的方法，做到能够对团体和个人开展心理辅导。

第一节　心理健康的标准和影响因素

青少年时期是人生历程中多风多雨的时代，是生理的"断乳期"和心理的"风暴期"。了解青少年的心理特点、青少年心理健康的标准，知晓其形成的原因，熟悉青少年心理健康的目标和原则，是班主任工作不可缺少的部分。它对于顺利开展班级管理和促进青少年健康成长有重要的意义。

一般认为，心理健康就是指心理及行为方面不存在障碍的一种持续的状态。但是，随着人与人关系的复杂化以及对待生活态度的多元化，心理健康的标准和定义呈现出多元化的态势。心理健康是指个人生活适应上所表现出的和谐状态。健康不仅指没有身体缺陷和疾病，而且要有完整的生理、心理状态以及社会适应能力，即人的健康的新概念不仅指身体方面，而且包括心理方面。一般说来，心理健康的标准有以下几条。

1. 与群体融洽相处

心理健康的人能够与周围的人群和谐共处。其心理状态与周围的大多数人的心理体验和状态是一致的。人是社会性的动物，其思想、行为应该呈现与周围的环境和人群一致的趋势。如果一个人的思想、言行、好恶等与社会大多数人格格不入的话，就要考虑其心理是否正常。心理异常往往有三种可能性：其一是心理发展水平超过了同龄人，其二是发展滞后于同龄人，其三则是属于心理疾病。

2. 客观地认识自己和他人

心理健康的人能够客观地认识和对待他人，清楚自我的优点和劣势；并能够用客观的态度来对待自己的学习和生活，在求学、择友等方面作出正确的决策,有自尊心和自制力。同时,在思想上对社会现实有客观和正确的认识,对周围的事物和社会生活能够保持清醒的认识与判断力,有很好的适应能力和协调能力。

3. 心理和行为一致

心理健康表现为外显的行为,即心理和行为持续稳定的一致性。这里的一致性,首先是行为方式和人的社会角色一致,每个人都应该与其对应的社会化的结果相一致;其次是年龄和行为方式一致;再则是刺激的强度和反映的强度之间能够存在相对稳定的关系。心理健康的学生,对各种刺激的反应是适度的,因此能与周围的环境保持良好的平衡。

4. 积极向上的生活态度

积极向上的生活态度包括:积极乐观的情绪,如活泼、开朗、愉悦的心情;健康向上的生活态度,如自信、豁达等。心理健康的学生能够排除心理障碍,有烦恼和困惑的时候能够及时地摆脱,即使遇到困难和挫折,也能够尽快地振作,主动采取措施来恢复正常稳定的心理状态。

5. 情绪的稳定和持续性

健康的心理状态是一种持续并且稳定的情绪体验。由于青少年身心的波动不平,暂时的困难和挫折是难以避免的,间断性的个人体验也是很正常的。但是,如果暂时的不快统治了持久的心绪体验的话,就可能产生心理问题。

影响青少年心理健康的因素,主要有以下几个方面。

1. 遗传因素

遗传是生物发展的前提条件,同时也是个体心理发展的重要基础。遗传的影响主要是通过智力、身高以及行为外貌来实现的。一般情况下,子女的智力水平主要受其父母的智力水平的影响,与其成正相关关系。而父母的精神健康状态也与子女有着密切的关系,多动症和神经分裂症等诸多的心理疾病受遗传因素的影响比较大。

2. 生理因素

生理因素的影响主要是指性成熟度。性成熟包括性生理和性心理两个方面。性生理的成熟直接影响着性心理的健康。只有性生理和性心理的发展相协调，才能实现青少年的健康成长。一般而言，性心理的成熟度要低于性生理的成熟度，而这种不协调给青少年造成的影响又存在着性别的差异。男孩子中，性心理成熟度高的人更加自信、乐观、积极主动，并且与周围的人能形成良好的人际关系。反之，则会出现怯懦、焦虑甚至抑郁。与男孩子相对应，女孩子的性生理成熟度高于性心理时，则更容易与同辈群体隔离，出现离群索居的现象，而趋向于与年长的同性和异性进行交往。由于成熟度的差异而导致的个体差异，要求班主任在工作中必须对具体情况作具体分析。

3. 家庭因素

家庭是个体社会化的首要场所。家庭的结构、成员的职业、文化素质、教育方式、情感交流的方式，都在个体成长中发挥着潜移默化的作用。家庭在个体成长过程中，主要承担如下几个方面的责任：首先是经济资助。根据社会学的观点，经济基础决定着个体的行为模式，家庭的经济状况直接决定了子女受教育的环境，以及金钱观、价值观的形成。其次是情感支撑。个体在繁杂的社会环境中成长，不可避免地会遇到各种各样的挫折和磨难，家庭内部不仅有年长者的经验指导，而且还有情感的依托。了解家长的不同类型，可以帮助班主任顺利地开展工作。

4. 学校教育因素

学校教育因素的影响，首先表现在教师对学生的影响上。教师的个性、能力及教学风格对青少年心理的发展影响很大。通常，学生的行为具有极强的模仿性。如果教师爱好广泛，活泼开朗，学生往往也乐于参加集体活动，从而形成良好的班风，呈现积极向上的班貌。如果教师的性格怪异，行为中呈现偏袒、武断、冷漠等倾向，学生中大多会有猜疑、自闭、任性和反社会行为的呈现。

5. 社会文化因素

传统文化与大众文化是现实社会中影响青少年成长的两大文化因素。在其冲击下，社会价值观念表现出多元化的倾向，尤其是网络文化对传统文化形成了巨大的挑战，诸如广告的消费引导、新闻的价值引导等。同时，由于网络的盛行导致的信息强迫症，使人们对信息有很强的依赖，以及对大众文化盲目崇拜，导致责任感缺失和反社会行为增多。加之，对网吧等营业性场所的管理不善，使得青少年很容易进入这些场所并沉溺其中，严重地影响了正常的学习和生活。

6. 同辈群体的因素

同辈群体是由地位大体相同的人组成的、关系密切的群体。同辈群体的成员一般在家庭背景、年龄、个性特点、爱好等方面比较接近，所以来自同辈群体的影响更加容易产生。"近朱者赤，近墨者黑"，这句话说明了同辈群体影响的重要性。美国社会心理学家 M. 米德甚至认为，在现代社会中，同辈群体的影响甚至大到改变传统文化传递方式的地步。所以，指导青少年选择有益于自我发展的朋友，是促进他们健康成长的关键。目前青少年犯罪呈现团体犯罪的倾向，这些人往往是学校的落后群体，他们常常出入于游戏房、录放厅等低级游戏场所。共同的失落感、消极的心理和志趣，使他们聚合在一起。同辈群体的影响由此可见一斑。

第二节　班级心理健康教育的内容

　　班级心理健康教育的内容是以班级心理健康教育目标为直接依据的。从当前我国中小学教育的具体情况出发，为了实现班级心理健康教育的目标，可将现阶段我国中小学班级心理健康教育的内容列为使学生掌握 12 个方面的知识，增强 12 种能力，实现 12 个具体目标。

　　（1）开展心理健康知识和普及教育使学生掌握心理卫生常识，增强自我心理保健能力，从而防治心理健康问题，增进心理健康。

　　（2）进行人格塑造教育使学生学会修身养性，增强人际协调能力，从而能对自己的个性心理品质扬优抑劣，促进个性的完善。

　　（3）进行智能开发教育使学生乐学，会学，增强学习能力和创造能力，从而纠正不良学习心理与行为习惯，促进智能提高。

　　（4）进行人际交往教育使学生学会交往，乐于合作，增强人际协调能力，从而减少人际冲突，促进人际和谐。

　　（5）进行积极适应教育使学生积极适应自身、环境及社会的各种正常变化，增强适应能力，从而避免适应不良，促进顺利适应。

　　（6）进行正当竞争教育使学生勇于且善于竞争，增强竞争能力，避免错误竞争，促进正当竞争。

　　（7）进行承受挫折教育使学生学会应付挫折刺激，增强心理承受力，从而避免心理失常，具备坚强的意志。

　　（8）进行情绪调控教育使学生学会科学的情绪调控，增强自我情绪调控能力，从而避免心理失衡，培养积极情感。

　　（9）进行自律自理教育使学生学会自我约束，独立处理，增强自制自主能力，从而避免放任依赖，促进主动发展。

　　（10）进行科学认识教育使学生学会辩证思维，提高认识鉴别能力，从而避免错误认识，促进理智增强。

（11）进行性心理卫生教育使学生掌握科学的性知识，培养自我调控性心理的意识和能力，从而防止不良性心理和性行为的产生，养成良好的性行为习惯。

（12）进行升学和应试教育使学生树立正确的职业观，提高应试能力，从而避免错误的职业选择，促进人尽其才。

中小学的心理健康教育，必须从不同地区的实际和学生身心发展特点出发，做到循序渐进，设置分阶段的具体教育内容。具体来说，小学低年级、小学中高年级、初中年级和高中年级的心理健康教育，包括如下内容：

（1）小学低年级的心理健康教育主要包括：帮助学生适应新的环境、新的集体、新的学习生活与感受学习知识的乐趣；乐于与老师、同学交往，在谦让、友善的交往中体验友情。

（2）小学中、高年级的心理健康教育主要包括：帮助学生在学习生活中品尝解决困难的快乐，调整学习心态，提高学习兴趣与自信心，正确对待自己的学习成绩，克服厌学心理，体验学习成功的乐趣，培养面临毕业升学的进取态度；培养集体意识，在班级活动中善于与更多的同学交往，健全开朗、合群、乐学、自立的健康人格，培养自主自动参与活动的能力。

（3）初中年级的心理健康教育主要包括：帮助学生适应中学的学习环境和学习要求，培养正确的学习观念，提高学习能力，改善学习方法；把握升学选择的方向；了解自己，学会克服青春期的烦恼，逐步学会调节和控制自己的情绪，抑制自己的冲动行为；加强自我认识，客观地评价自己，积极与同学、老师和家长进行有效的沟通；逐步适应生活和社会的各种变化，培养对挫折的耐受能力。

（4）高中年级的心理健康教育主要包括：帮助学生具有适应高中学习环境的能力，发展创造性思维，充分开发学习的潜能，在克服困难取得成绩的学习生活中获得情感体验；在了解自己的能力、特长、兴趣和社会就业条件的基础上，确立自己的职业志向，进行职业的选择和准备；正确认识自己的人际关系的状况，正确对待和异性伙伴的交往，建立对他人的积极情感反应和体验。提高承受挫折和应对挫折的能力，形成良好的意志品质。

第三节　心理健康教育的原则

班主任对学生进行心理健康教育的原则，需要从心理健康教育的目标出发，依据心理健康教育的规律，在总结心理健康教育实践的基础上，确定心理健康教育的基本准则。学习和贯彻心理健康教育的原则，对于班主任自觉运用心理健康教育规律，掌握心理健康教育的方法和技巧，增强班级心理健康教育的效果，促进学生整体素质的发展有直接的实践意义。一般来说，班主任在心理健康教育中，应该遵循如下的基本原则。

1. 科学性原则

以科学为指针，是指班主任对学生进行心理健康教育时，必须坚持教育内容、教育方法和手段的科学性，班主任必须具备科学的、系统的心理健康教育基础知识和基本技能。

以班级心理卫生教育为例，班主任只有坚持以心理卫生科学为指针，才能在心理保健工作中对学生的心理疾病做到早期发现、早期治疗；才能在心理咨询过程中，坚持以科学的态度回答学生提出的各种问题，并摒弃那种自以为是、主观武断的做法。

2. 面向全体学生原则

班主任的心理健康教育不同于专业的心理咨询活动，其根本任务是要促进学生的健康成长与发展。所以，心理健康教育要面对全体学生，而不是针对有明显的心理疾病的学生。心理辅导不是针对有明显问题的学生，而是有重点但要顾及到全体的教育活动。

通常，班主任可能会针对特别好的或者特别差的学生，而忽略中间的群体，使得这部分学生处于一种长期不被关注的边缘状态。班主任必须懂得，这部分学生是最容易向上也是最容易落后的。关注每一个学生，是教育者的责任。调动这部分人的积极性，会让班级集体的整体面貌焕然一新。

3. 平等信任原则

平等信任原则是指在心理健康教育过程中，不以学生的成绩、家庭条件、性别、智力等因素对学生进行人格和心理的歧视。在心理健康教育过程中，充满信任的心理氛围的建立，是有效开展心理健康教育的前提。

信任氛围的建立，需要以师生平等关系为前提。班主任应该从平等的立场出发，相信学生的诚意和人格，努力和学生建立朋友式的关系，让学生能够轻松、信赖地倾诉自己的心声。

4. 尊重差异原则

尊重差异原则要求班主任根据每个学生的特点采取有针对性的对策，在分析普遍性原因的同时关注其特殊性。同一种心理现象的背后可能有不同的原因，班主任不能武断地根据表面现象进行判断，要在充分了解学生的基础上对其实施个别观察和心理辅导。

5. 艺术性原则

艺术性原则主要表现在教师的思维、语言和行为三个方面。艺术性原则是实现有效心理健康教育的重要手段，同时也最具有不稳定性，是需要教育者在学习和实践中不断摸索的。这正如教育家马卡连柯所说："只有学会用 20 种声调说'到这里来'的时候，只有学会在脸色、姿态和声音运用上能够做出 20 种风格的韵调时，我就变成一个真正有技巧的人了。"

6. 学生主体性原则

学生主体性原则是指在进行心理健康教育的时候，班主任不应该越俎代庖，而应该充分发挥学生的主动性和积极性，相信学生能够在正确引导下完成心理健康的历程。

在制订教育目标和教育步骤的时候，班主任要充分考虑学生的年龄、性别等特点；在实施和开展心理健康教育的活动过程中，要提供更多的活动机会让学生表达自己的观点、态度和情感；在进行个体和群体辅导的过程中，要充分发挥学生的个体能动性，通过学生内部世界的变化来达到自我完善与发展。

7. 发展性原则

在心理健康教育中，班主任应该以发展为重点，这包含两层意思。一是班主任必须首先关注学生的心理学发展，协助学生学会接纳、适应、交往等，给学生以全面的心理支持；二是帮助学生面对生活中的困难和成长中的危机。换言之，班主任必须立足于促进学生心理的发展，而不仅仅限于学生心理保健的要求。

第四节　心理健康教育的方法

心理健康教育的方法，是指班主任对学生进行心理健康教育所采取的具体措施和方法，这里，仅将最有普遍意义的心理健康教育方法介绍如下。

1. 传授心理知识

目前，我国不少学校已专门开设了心理健康教育专门课程，尽管各校的课程名称不尽相同，如有的叫"心理常识课"，有的叫"心理指导课"，有的叫"心理辅导课"，有的叫"非智力因素课"，等等，但其实质是一样的，即向学生传授有关心理学知识。

2. 开展活动

人的心理是在活动中产生、发展、形成并表现出来的，这是心理学的一个基本观点。从这一观点出发，班主任就应通过有目的、有计划地组织学习参加各种形式的活动，来培养学生良好的心理品质。

在班级心理健康教育工作中，可供学生参加的活动主要有：一是学习，这是学生最主要、最基本的活动形式。二是课外活动，它主要包括社会实践活动，如社会调查、参观、访问、社会服务、座谈会、报告会、旅行、夏令营等；文学艺术活动，如学习书法、绘画、舞蹈、音乐等；科学技术活动，如无线电、航模、计算机等；体育锻炼活动，如武术、体操、围棋、象棋等。三是劳动，包括工农业生产劳动、社会公益劳动（如植树造林、街头服务、打扫环境卫生等）、校园建设劳动（如卫生大扫除、修整校园）和家务劳动等。

上述各种活动在培养学生良好心理品质方面所发挥的作用不尽相同，

现仅以课外活动为例来说明这一问题。课外活动是课堂教学的补充、扩大和延伸，它为学生走向社会、接触自然提供了广阔的天地。丰富多彩的课外活动不仅增加了学生获得知识的信息渠道，而且由于在课外活动中获得的知识与实际生活紧密联系，因而比课堂中的书本知识更能使学生仔细观察、积极思维、大胆想象，这就锻炼、发展了学生的观察力、记忆力、思维力和想像力；课外活动提供了大量的实践和创造机会，有助于学生进行独立的发展；在课外活动中，各种生动活泼的活动内容和灵活多样的活动形式，不仅满足了学生的兴趣和爱好，而且能激发学生强烈的好奇心和求知欲，为学生形成积极的多样化的学习动机奠定了广泛的基础；课外活动中许多健康有益的文化娱乐活动，以及艺术欣赏和创作活动，都可以发展学生健康的审美情趣，陶冶其情操，而那些有一定的难度、需要学生克服许多困难才能完成的活动，则可以培养学生耐心、支持、克制，以及正视失败、敢于战胜困难等良好的意志品质。

3. 创造良好的环境

人是环境的产物，环境对人的心理发展起着重要的影响。诸如社会、学校、家庭的物质环境，社会风气、校风、班风、家风等精神环境，都是对学生心理有潜移默化作用的隐性课程。为了使班级心理健康教育富有成效，班主任必须优化心理健康教育环境。

4. 开展心理咨询

心理咨询作为一种从心理上进行帮助的活动，乃是通过人际关系而达到一种帮助过程、教育过程和增长过程。按咨询对象划分，班级心理咨询可分为个别与团体两种。具体内容在后面的两节进行介绍。

5. 进行心理训练

心理训练，是指班主任有意识地运用有关心理学知识，使学生的心理品质得以锻炼而优化的过程。在班主任对学生进行心理健康教育的工作中，心理训练的任务有三个方面：一是为了巩固心理健康教育课程里所学的有关知识，将有关知识通过反复运用、练习、内化为个体的心理品质；二是通过训练，解决在某个年龄阶段，某校、某班普遍存在的共性心理问题，如独生子女的意志薄弱、性格缺陷，以及某班学生中存在的厌学倾向等；三是通过训练，以预防、矫治学生个体身上存在的心理健康问题。

心理训练的方法颇多。广义上说，所有心理品质的培养过程都是心理训练的过程，在这一过程中运用的一切方法都可以认为是心理训练的方法。当然，需要培养的心理品质的内容不同，训练的具体方法也有所不同。例如，创造能力训练，可以用"暴风骤雨联想法"、"摆脱常规法"、"假想性推测法"等；情感的培养，可以用"认知切入法"、"爱的操练法"、"审美建构法"等；意志品质的培养，可以用"耐挫折训练"、"自我调控训练"等；不良心理品质的训练，则可以有"松弛训练法"、"系统脱敏法"、"奖励法"、"厌恶法"、"模仿法"、"示范法"、"肯定性训练"、"角色扮演"等不同的训练方法。

第五节　团体心理辅导的开展

团体生活是青少年形成健康心理状态的必要环节。青少年对团体的依赖感是其叛逆期归属感的一种转移，是由家庭向同辈群体的转移。所以，团体心理健康教育活动是学生喜闻乐见的一种方式。它不仅可以达到对学生一般性心理健康问题的辅导，而且可以促进班级凝聚力的增强。

团体心理辅导是指班主任以班级团体为对象开展的以实现群体心理健康为目标的心理健康教育，是通过对整个班集体实施教育来实现群体内部个体心理的改观和发展。其最终目的，是实现个体成员的心理健康和心理发展。

班级团体心理健康目的的达成，需要班主任利用有利的班级条件开展活动。班级心理辅导不同于课程教育，它不是以传授心理学的知识为主，而主要以活动的方式开展，让学生在活动中学会认识自我、接纳自我、发展自我和提高自身的心理素质。团体心理辅导的内容，主要包括以下几个方面。

1. 学习辅导

在中小学阶段，影响青少年心理健康的重要因素是学业成绩的优劣，升学的压力也会给学生的情绪带来一定的影响。由于学生的认知水平与其所处的身心阶段有一定的差距，所以，学生在学习动机、学习策略上需要帮助和指导。面对升学考试的压力，班主任可以利用班会或课外活动时间采取不同的方式，诸如在教室里放个录音机，或者利用多媒体播放音乐等，以缓解学生在学习过程中的压力。

2. 自我意识辅导

自我意识的辅导是让学生正确客观地认知自我状态，克服自卑和自负的心理障碍，学会用理性的思维去认识自己和周围的事物。班主任可以通过开展主题班会的方式，实现学生自我认识以及学生之间的互相交流，让学生学会恰当地处理人际关系。

3. 性心理的辅导

班主任对学生进行性健康教育的内容，主要包括性意识的觉醒、性伦理的确立、异性交往行为的引导和性心理问题的纠正。班主任对性教育要重视，但不要太敏感。对异性之间的交往，班主任必须注重正确的引导，而不必过分敏感。

在性健康教育内容上，要注意适应性，根据青少年发展的不同阶段采取不同的教育内容。有学者指出，青春期的前期（9～12岁），主要侧重于性生理的辅导；青春期的中期（12～15岁），大概是初中阶段，主要是性心理和性伦理的教育；青春期的后期（15～18岁），大概是高中阶段，则社会属性的内容增多，诸如恋爱、婚姻、妊娠等。

4. 生活辅导

对中小学生进行生活辅导，一般包括消费、休闲两个方面。消费生活的辅导要在日常行为中开展。针对当前学生中出现的盲目消费、相互攀比的现象，要进行消费心理健康的教育，这对学生树立良好的消费动机和形成良好的消费行为有重要的引导作用。班主任要帮助学生了解电视中广告的真正价值，引导学生形成良好的金钱观念。

青少年在学习压力的影响下，很少有自主的休闲时间。随着网络的发展，大部分学生将仅有的时间花费在电视和网络上，这不仅影响了身体健康，还影响了正常的人际交往。班主任在休闲生活辅导上，要教育学生在校内和校外的空间里学会个人和团体的休闲方式，目的是为了使学生能够在轻松愉悦的环境中进行身心休息。

5. 职业辅导

职业辅导不是毕业前的辅导，而应该在学生自我认知能力提高的同时给以职业的概念，促使其形成正确的职业观念和职业选择倾向。它主要是通过了解职业特点来确定自己的职业兴趣和职业个性，为作出正确的职业决策提供前提。

团体心理辅导的方法很多，一般包括团体讨论法、情景剧法、行为训练法、认知行为改变法等。在班级中开展的团体心理辅导法包括：团体讨论、脑力激荡、故事接龙、辩论赛、家庭树、抢答赛、角色扮演、哑剧、游戏、优点轰炸、赠送礼物、行为训练、自由联想、放松体操、镜中人、自画像、涂色、制作卡片、制订计划等。其中主要有团体讨论法和情景角色法。

1. 团体讨论法

团体讨论法又可以分为以下几种可操作的方式：

（1）嗡嗡法。又名六六讨论法，每组原则六个人，每人发言一分钟，共发言六分钟。每个人发言之前先静思一分钟，最后由主持人归纳意见。此法用于初步的意见交换和特别冷漠的群体效果好。

（2）脑力激荡法。这是一种集思广益的方法。先有一个开放式的问题，由每个人提出答案，然后制订标准，审核答案，不符合标准的要淘汰。在实施时要注意：不立刻批判，多多益善，自由献意，同时注意合作和改进。

（3）分组角色法。将班级分为若干小组，最好是四个人一组。在统一的问题下，收集各组的意见，将组内成员的角色也进行区分，如小组长（负责维护小组的纪律）、发言者（代表小组成员进行总结发言）、记录者（负责记录组内成员的意见）、副组长（主要是参与讨论，协调三方面的关系）。为了协调内部成员的分工，使每个学生都得到锻炼，在角色固定的前提下进行人员的重新安排。

2. 情景剧法

因类似于情景剧而得名。这是在教师的倡议下，抽取自愿的学生来扮演不同的角色，比如家长、教师和学生。可以分为即兴的表演和剧本的表

演，有表演者和观察者，同时还要安排主要的评论人员，负责引起话题和提出问题，以活跃气氛。为了避免以少数学生为中心，在表演之前要给学生安排观察任务，并可采取书面的形式进行评论，促进学生进一步领会剧情。

第六节　个体心理辅导的开展

学生个体的差异性是开展个体心理辅导的前提和出发点。不同的年龄、性别、家庭背景、个人遭遇等，都会造成不同的心理状态。同时，也给班级心理健康教育提出了不同的要求。与针对群体问题的团体心理辅导教育相辅相成的个体心理辅导，也是班主任工作中的重要内容。

个体心理辅导，是指通过鉴别、诊断、分析和干预，解决学生个别心理困惑的一种辅导形式。它是针对有特殊问题和特殊需要的学生实施的。值得注意的是，学校的心理辅导一般不包括病理性心理障碍。班主任的心理健康教育与专业的心理辅导不同，它是与日常的班级管理工作密切联系的。个体心理辅导的程序如下。

1. 厘清心理和行为问题

发现问题是解决问题的第一步。厘清学生的行为和心理问题是属于学习困难、品行问题、情绪问题，还是人际适应不良，有助于有针对性地解决问题。这可以通过正面的询问，比如观察其行为、聊天、分析学生日记等，和侧面的资料搜集，如通过与家人和周围同学的交流，以及问卷调查等获得信息等途径来进行，从而明确问题所在。

2. 成因诊断及分析

通过对需要进行个别辅导的学生的个人资料和症状的分析，进行综合分析和诊断，判断其行为的特征、性质和原因。准确地分析诊断，是制订目标和实现辅导的首要环节。在进行原因分析的时候，要抓住问题的关键所在。

3. 制订辅导目标

辅导目标一般分为远期目标和近期目标。制订辅导目标时需要注意，目标要切合实际并难易适度，同时要有解决问题的毅力和耐力。不能头痛医头，脚痛医脚，应从根本上解决问题。

4. 巩固辅导成果

在对学生的心理行为问题进行综合分析和诊断及帮助以后，学生的行为会有一定程度的变化。但是，这种变化可能是暂时的和表面的。班主任要对这种现象有充分的准备，并且做好巩固成果的工作。

除了要遵循心理辅导的程序，班主任还必须掌握一些个体心理辅导的方法。

1. 行为辅导——系统脱敏法

系统脱敏法是校正心理问题的方法，是行为治疗的一项技术。通俗地说，即采用小步子的方法逐步地对学生的过失行为实行弱化，或者对正面行为的强化过程。系统脱敏法一般分为两个步骤：首先，找出能够使学生产生焦虑的对象或者场景，将其分成轻重不同的等级；其次，在放松的状态下，对学生实施行为的脱敏过程。根据不同的情况，按由高到低或者由低到高的顺序来实施。在呈现出一个刺激之后，使其行为有所改善，接着巩固，再进行下一个刺激。这样，学生对这类压力或者刺激的感受性会降低，逐步进行直至其行为有明显的改善为止。系统脱敏法适应于有行为偏差的学生。

2. 情绪辅导——理性情绪辅导

理性情绪辅导是指用语言的方式，利用学生已有的经验或者认识，对其现有的认知进行反思批判，从而对其不理性的思维进行调整，以达到调整情绪的目的。

3. 群体辅导法

群体辅导是以一个学生的心理和行为问题，利用团体的力量来达到对个体辅导的目的。这是以某一学生为中心开展的团体活动。群体辅导的方法效果好，但是不容易开展。所以，在班主任工作中，这种方法一般是针对几个比较典型的学生的心理问题和行为开展的。

除了上述介绍的三种方法外，个体心理辅导的方法还有情绪替代法、注意力转移法等。由于只用一种方法难以达到效果，往往需要综合运用各种方法。熟练地掌握这些方法，不仅需要理论的学习，更需要班主任在实践中不断地探索。

第八章

学生的个别教育

　　一个班由几十个学生组成，由于这些学生先天素质不同，家庭背景不同，尤其是后天的社会实践活动以及所受教育的影响不同，因此，无论是思想观念、行为习惯，还是兴趣爱好、个人特长以及学习方法、学习成绩，都存在差异。

　　个别教育，就是班主任通过个别接触的形式，对特定的对象所进行的教育。集体是由个体组成的，个体直接影响集体的形成、巩固和发展。班主任对学生进行教育，不仅需要掌握集体教育的方法，更应该掌握对学生进行个别教育的技能。

第一节　不可替代的个别教育

集体教育与个别教育是紧密联系的。班主任在教育集体时，实际上也就是教育学生个人；而在对个别学生进行教育时，也是为了更好地培养集体。但两者又是有区别的。个别教育不是面向集体，而是面向个别，它是教师根据学生个人的需要、问题和特点而单独进行的教育。正如苏霍姆林斯基所言，"有300名学生就会有300种不同的兴趣和爱好"。班主任根据不同学生的实际，有针对性地做好个别教育工作，对学生发展、班级管理等具有重要意义。

1. 个别教育是促进班集体健康发展的必要形式

在班主任工作中，集体教育通常解决的是学生的共性问题。但班集体的构成基础是个体，集体教育的目标最终需要落实到学生个体身上，只有对学生个体产生了实际影响力的教育才能说达到了目标。而且，通过个别教育在学生个体身上形成的素质，最终会直接或间接地影响到集体。因此，个别教育是促进班集体健康发展的必要形式。

2. 个别教育有利于青少年一代健康成长

在现实生活中，每一个学生都是一个特殊的个体，在他们身上，既有共性，又有巨大差异，它不以人的意志为转移。正如俗话所说："人心不同，各如其面。"面对这些差异，任何整齐划一的做法都是注定要失败的。我们只有承认学生的个体差异，把学生的个别差异作为教育展开的前提，才能促进青少年一代健康发展。

3. 个别教育体现现代教育对个性的尊重

在实际的班级教育工作中，我国中小学普遍存在一刀切、一律化的做法，致使学生个性较难得到充分自由的发展。现代教育越来越重视学生的主体性，尊重每一个公民受教育的权利。联合国教科文组织指出："虽然一个人是集体的一员，但是现代教育学却重视个人，注意一个人的能力、他的心理结构以及他的兴趣、动机和需要。"《国际教育组织关于教师职业道德的宣言》中明确提到：教育工作者应该"认识到每个学生的特殊性、特点和特殊的需求"。我国《中小学教师职业道德规范》也提到：教师应该"循循善诱，诲人不倦，因材施教"。

这说明，现代教育越来越重视尊重学生的个体差异，尊重差异才是真正的尊重学生。班主任应该把尊重学生的个体差异作为工作宗旨之一，针对学生的个性特点以及成长中的独特问题实施个别教育。

班主任做好个别教育工作的一个重要前提是了解学生的个体差异。个体差异又称个性差异、个别差异，通常指个体在内在身心结构和外在行为习惯上所表现出来的相对稳定而又不同于他人的个性特征。

在生理方面，个性差异主要表现为性别、年龄、身高、体质、体能、感知觉以及种族等方面的差异；在心理方面，个性差异主要表现为知识结构、智力类型、兴趣、爱好、动机、情感意志等方面的差异。个性差异表现在质和量两个方面：质的差异指心理、生理特点的不同及行为方式的不同，量的差异指发展速度的快慢和发展水平的高低。

第二节　了解学生的智力差异

智力指人们在获得知识和运用知识解决实际问题时所必备的心理条件和特征。智力主要包括观察力、记忆力、思维能力、想象能力与实践活动能力。智力差异的表现形式多种多样，对其所进行的考察有着不同的角度和不同的层面。班主任应该对学生的智力差异有所了解和认识。

1. 不同个体在智力发展的速度和水平上有差异

首先，不同个体在智力发展速度上是有差异的。有的人年纪轻轻，就表现出非凡的才能，被誉为神童，例如莫扎特四岁开始作曲，十岁写歌剧《简单的伪装》；有的人在小时候表现平常，并不引人注目，而到了中年甚至老年时，却获得了巨大的成就，一鸣惊人，例如爱因斯坦三岁多才开始学讲话，父母甚至因为担心他的智力有问题而请过医生。可见，人的智力发展速度是不一样的，有的早慧，有的大器晚成。

其次，不同个体在智力水平上是有差异的。正常人群的智力呈正态分布，但在人群中每个个体的智力又有较大的差异。如在成年人的智商中，有1%的人拥有140以上的高智商，3%的人则是智商在70以下的低能儿。

2. 不同个体的智力结构不同

美国哈佛大学心理学家加德纳教授在《智力的结构》一书中提出多元智力理论。他把智力定义为："智力是一种能力，这种能力可以解决现实问题、产生新问题，并能在该人的社交和文化中创造一些有意义的事情或者提供有价值的服务。"他认为人的智力主要有八种，每一个人的侧重点不一样。这八种智力是：

（1）逻辑—数理智力。这种智力主要是指运算和推理的能力，表现为对事物之间的类比、对比、因果、逻辑等各种关系的敏感性以及通过数理运算和逻辑推理等进行思维的能力。这种智力在侦探、律师、工程师、科学家和数学家身上有比较突出的表现。

（2）语言智力。这种智力主要是指听、说、读、写的能力，表现为个人能够顺利而高效地利用语言描述事件、表达思想并与人交流的能力。这种智力在记者、编辑、作家、演讲家和政治领袖等人身上有比较突出的表现。

（3）空间智力。这种智力主要是指感受、辨别、记忆、改变物体的空间关系并借此表达思想和情感的能力，表现为对线条、形状、结构、色彩和空间关系的敏感性以及通过平面图形和立体造型将它们表现出来的能力。这种智力在画家、雕刻家、建筑师、航海家、博物学家和军事战略家身上有比较突出的表现。

（4）音乐智力。这种智力主要是指感受、辨别、记忆、改变和表达音乐的能力，表现为个人对音乐，包括节奏、音调、音色和旋律的敏感性以及通过作曲、演奏和歌唱等表达音乐的能力。这种智力在作曲家、指挥家、歌唱家、演奏家、乐器制造者和乐器调音师身上有比较突出的表现。

（5）身体运动智力。这种智力主要是指运用四肢和躯干的能力，表现为能够较好地控制自己的身体、对事件能够作出恰当的身体反应以及善于利用身体语言来表达自己的思想和情感的能力。这种智力在运动员、舞蹈家、外科医生、赛车手和发明家身上有比较突出的表现。

（6）人际关系智力。这种智力主要是指与人相处和交往的能力，表现为觉察、体验他人情绪、情感和意图并据此作出适宜反应的能力。这种智力在教师、律师、推销员、公关人员、谈话节目主持人、管理者和政治家等人身上有比较突出的表现。

（7）内省智力。这种智力主要是指认识、洞察和反省自身的能力，表现为能够正确地意识和评价自身的情绪、动机、欲望、个性、意志，并在正确的自我意识和自我评价的基础上形成自尊、自律和自制的能力。这种智力在哲学家、小说家、律师等人身上有比较突出的表现。

（8）自然智力。自然智力是指观察自然界的各种形态，对物体进行辨认和分类，能够洞察自然或人造系统的能力。

根据加德纳的多元智力理论，作为个体，每个人都同时拥有相对独立的八种智力。这八种智力在个体身上的不同组合使得每一个人的智力都有独特的表现方式和特点。如有的中小学生抽象逻辑思维较之具体形象思维占优势，他们的数学能力极强，但绘画能力却很差。正是由于人具有不同的智力结构，"每个人都是天才，每个人都是笨蛋"这句话是有一定道理的。

3. 智力的性别差异

男性和女性的智力水平总体上是大致相同的，但男性分布的离散度大，即极聪明的和极笨的都比女性多，而女性大多集中在中间部分。另外，男女的智力结构优势也不同，一般来说，女性在语言表达、数的识记、机械记忆、听觉反应、手工技巧和审美等方面显示出优势；而男性则在空间关系、图形知觉、逻辑演绎、数学推理、机械操作、视觉反应等方面具有优异的表现。

第三节 了解学生的学习方式差异

学习方式是由参与学习过程的诸多活动方式综合而成的，其差异主要体现在认知风格的差异和感知觉通道的偏爱差异两个方面。

认知风格，又叫认知方式，它是指个体在知觉、思维、推理、理解、解决问题和记忆等认知活动中加工和组织信息时所显示出来的独特的、稳定的风格。不同学生具有不同的认知风格，例如，有些学生爱听教师讲解，有些学生喜欢自己独立思考问题，有些学生喜欢与别人热烈讨论问题。

目前研究较多的认知风格主要有场独立型和场依存型、冲动型和沉思型、具体型和抽象型等。这些认知风格的个体差异成为因材施教必须考虑的心理变量。

1. 场独立型和场依存型

从个体在认知加工中对客观环境提供线索的依赖程度看，个体的认知风格可以区分为场独立型和场依存型两种。

具有场独立方式的人，对客观事物作判断时，常常利用自己内部的参照，不易受外来因素的影响和干扰；在认知方面独立于他们的周围背景，倾向于在更抽象的和分析的水平上加工，独立对事物作出判断。

具有场依存方式的人，对物体的知觉倾向于以外部参照作为信息加工的依据。他们的态度和自我知觉更易受周围的人们，特别是权威人士的影响和干扰，善于察言观色，注意并记忆言语信息中的社会内容。

有关研究还表明，场独立性和场依存性与学生的学习倾向和特点有关系。一般来说，在学科兴趣方面，场独立型者较倾向于喜欢自然科学，而场依存型者则喜欢社会科学；在学习策略上，场独立型者往往能独立自觉学习，其学习由内在动机支配；场依存型者则易受暗示，学习欠主动，其学习由外在动机支配；在教学偏好上，场独立型者偏好结构不严密的教学，场依存型者则偏好结构严密的教学。可见，场独立型与场依存型本身没有高下之分，只是个人认识环境的方式不同。

2. 冲动型和沉思型

根据学生对问题作出反应的速度，可以把学生区分为冲动型和沉思型。冲动与沉思涉及个体在很不确定的情境下对自己解答的正确性进行思考的程度。错误率和反应时间反映出这方面的个体差异。

冲动型者解决问题速度快，但容易出现错误。而沉思型者则相反，速度慢，但错误少。阅读领域的研究表明沉思型学生更善于鉴别文章的前后矛盾之处，而冲动型学生更擅长快速浏览文章。两种认知风格各有优缺点，并无好坏高下之分。

3. 具体型和抽象型

根据个体在进行信息加工时所采用概念水平的高低，可以把认知风格区分为具体型和抽象型。一个抽象型风格的学生，能够看到某个问题或论点的众多方面，可以避免刻板印象，能够容忍情境的模糊度并进行抽象程度较高的思考。而具体型风格的学生则能比较深入地分析某一具体观点或情境，但要向他们提供尽可能多的有关信息，否则很容易造成偏见。

这一领域的有关研究表明，抽象型学生在非结构化教学方法，如归纳法或发现法下会表现得更好；而具体型学生在结构化教学方法，如演绎法和讲解法下成绩更好。

感知觉通道的偏爱差异则和人们接受和加工信息、进行学习要借助不同的感觉器官有关。由于个人身心特点的差异，不同的人对不同的感觉器官和感知觉通道有不同的偏爱。有些人喜欢通过视觉的方式接受信息，也有些人喜欢通过听觉了解外在世界，还有些人习惯通过动手（或身体运动）来探索外部世界。从感知觉角度看，学习者主要有视觉型、听觉型、动觉型三种。

1. 视觉型学习者

视觉型学习者善于通过看（阅读、观察、看图表等）来学习并获得最佳学习效果，喜欢通过图片、图表、录像、影片等各种视觉刺激手段接受信息、表达信息。他们通过观察所学到的，往往比从交谈、聆听或是实际习作中所学到的东西还要多。

这种类型的学习者喜欢阅读，而且能够比较容易地从书本上吸收知识。他们一般都很自信，而且具有很强的自制力，学习有自主性和计划性，有时还具有创造性。但由于过于认真而缺乏一定的表现力，举止呆板，书呆子气很重，有自负倾向。

2. 听觉型学习者

听觉型学习者善于通过接受听觉刺激进行学习。喜欢通过讲授、讨论、听录音等口头语言的方式接受信息。这种类型的学生上课一般都能认真听讲，能够按时完成老师布置的作业，但是他们的劣势在于过多地注意原有的知识，有时可能会影响他们潜力的充分发挥。

3. 动觉型学习者

动觉型学习者喜欢通过双手和整个身体运动进行学习，如通过做笔记、在课本划线、亲自动手操作等来学习。他们不喜欢老师整堂课的讲解和板书，也不擅长言语表达。他们往往在体育、自然、课外活动等需要他们动手操作、实验的学科中表现得较为突出。

这类学习者往往比其他学习者有着更大的发展潜力。这种学习类型的学生做事一般都比较守信，而且一旦集中于某事，就会做出很好的成绩。但是由于他们的情绪不稳定，忽冷忽热，虽精力旺盛，但由于热衷于太多的事项，最后往往精力分散而一事无成。

除上述三类典型的学习者外还有混合型，即学习者同时具备了视觉型、听觉型与动觉型的多重特征。但是，一般来说，大多数的学习者在学习时都明显地体现出偏于用某种或某几种感知觉通道进行信息加工。

第四节　了解学生的个性特征差异

人的个性就是在一个人身上经常地、稳定地表现出来的个性心理特征和品质倾向的总和。个性差异包括个性倾向和个性心理特征两个方面。前者包括需要、动机、抱负、理想、信念等；后者包括气质、性格等。近些年，在这方面研究较多的是学生的气质差异，这里也只选择这一点来进行介绍。

在心理学上，"气质"这一概念与我们平常说的"禀性"、"脾气"相似。在日常生活中，有的人总是活泼好动，有的人却总是安静沉稳。心理学上把这种人在情绪和活动中发生的强度、速度等方面所表现的特点，称作气质。传统上，我们把气质划分为四种类型：

1. 多血质

其神经特点是感受性低，耐受性较高；不随意反应性强；具有可塑性和外倾性；情绪兴奋性高，反应速度快而灵活。他们活泼好动，善于交际，思维敏捷；注意力容易转移，兴趣容易变换，容易外露，体验不深刻。

2. 胆汁质

其神经特点是感受性低，耐受性高；不随意反应性强，外倾性明显；情绪兴奋性高，控制力弱；反应快但不灵活。他们坦率热情，精力旺盛；容易冲动，脾气暴躁；思维敏捷，但准确性差；情感外露，但持续时间不长。

3. 黏液质

其神经特点是感受性低，耐受性高；不随意的反应性和情绪兴奋性均低；内倾性明显，外部表现少；反应速度慢，具有稳定性。他们稳重、安静、善于忍耐；情绪不易外露；注意力稳定而不容易转移，外部动作少而缓慢。

4. 抑郁质

其神经特点是感受性高，耐受性低；不随意的反应性低；情绪兴奋性高而体验深，反应速度慢；具有刻板性，不灵活。他们孤僻、多愁善感、动作迟缓，精神体验深刻。

上述四种气质类型的划分更多的只是一种理论抽象，生活中很少见到某种典型的气质类型的人，大多具有混合的特征。要了解学生的气质类型，可以通过日常生活中对学生的观察，或他人的评价，根据学生平日在情绪和动作等方面所表现的特点来作出判断，还可参考一些气质表的测量结果。

班主任不仅应了解学生的气质类型，更要对气质类型有正确的认识。首先，气质是没有好坏之分的。各种气质类型都有其优点和缺点，各种气质类型的人都有可能在事业上取得成就。据分析，俄国四位著名文学家就是四种不同气质类型的代表：普希金属胆汁质，赫尔岑属多血质，克雷洛夫属黏液质，果戈理属抑郁质。气质本身是不能预测成就大小的。

其次，每一种气质类型都存在易于向某些积极的或消极的性格品质发展的可能性。比如，"胆汁质"的学生容易形成勇敢、爽朗、有进取心等品质，但也容易养成粗心、粗暴等缺点；"多血质"的学生容易形成活泼、机敏、有同情心、爱交际等品质，但也容易养成轻浮、不踏实、感情不真挚等缺点；"黏液质"的学生容易形成稳重、坚毅、实干等品质，但也容易变得冷淡、固执而拖拉；"抑郁质"的学生容易形成细心、守纪律、富于想象力等品质，但也容易出现多疑、怯懦、孤僻和缺乏自信等弱点。

最后，找到适合学生气质特点的最佳教育形式和方法，能把工作做得更加顺利而有效。比如，对于"胆汁质"的学生不要轻易地去激怒他们，要设法培养他们的自制力；对于"多血质"的学生，要求他们养成扎实、专一、克服困难的精神并防止懈怠与见异思迁；对于"黏液质"的学生，要更加耐心，要容许他们有考虑问题与作出反应的足够时间；对于"抑郁质"的学生，要更多地关怀、体贴他们，切忌在公开场合指责他们，要根据他们的接受能力适当地降低或调整要求，鼓励他们勇敢前进。

第五节 个别教育的原则

学生中的个别差异是一种客观现实，我们在教育活动中要做的不是漠视、扼杀这种差异，也不是抹平这种差异，而是要针对这种差异安排我们的教育教学活动，让不同的学生在教育教学中得到最大的发展。班主任对学生的个别教育，应该遵循如下的基本原则。

1. 人道性原则

个别教育的人道性原则，主要是指在进行个别教育过程中教师应以学生的健康发展为本，肯定学生的主体地位和独立价值；尊重学生的人格、尊严和权利，追求人的全面发展与自我完善。

人道性原则是人道主义精神在个别教育中的具体运用和体现。人道主义就其本义来讲，首先是一种道德伦理原则，它是针对非人道、非人性而言的。人道主义坚持以"人"作为研究问题的出发点和归宿，它要求承认人的主体性地位，肯定个体的独立价值；它尊重人的权利，维护人的尊严，保障人的自由，追求人的全面发展与自我完善。班主任在个别教育过程中，面对的是一个个年龄尚小、学识尚浅、自控力尚弱的学生，教师只有把学生当"人"看，而不是当成任大人摆布的工具，真正的教育才可能产生。

贯彻人道性原则应该注意以下几点：

（1）满足学生作为人的正常而合理的需要。对于未成年的学生来说，他们和成年人的区别不仅在生理特征上，而且在思维方式、价值观念、行为取向等方面。孩子不是成人的"缩小版"，教师要允许学生"活在自己的年龄里"，按照"学生的年龄"去对待他。如果我们把孩子同成年人一样看待，一味地按照成人世界的标准来要求他们，拿我们的思想当作他们的思想，那么，教育就已经偏离了"把学生当人看"的人道精神。

（2）尊重学生的人格和尊严。人道主义是一种把人本身作为最高价值的思想体系，"它所关注的是把人当作人而不要当作非人"。具体到班主任的个别教育实践中，就是要求班主任要以人的方式来教育学生。一方面要确立师生人格平等的观念，对学生施以人道的关怀，实现师生之间的平等对话与交流。另一方面，教师要肯定学生个体存在的独立价值，尊重学生的人格尊严，保护他作为社会平等一员所应该享有的一切基本的人权。即便是那些犯了错误需要惩罚的学生，我们也必须意识到这是对人的惩罚，惩罚的方式必须是合乎人性的。

（3）保护学生的权利。我们生活的世界是一个由成人主宰的世界。虽然爱护学生是一种普遍的人类文化价值，但是，在相当长的时间里，学生除了作为"问题"受到关注之外，他们的权利几乎被遗忘了。随着人权意识的增强，人们日益认识到保护学生权利不仅是社会文明进步的标志，也是现代教育的立足点，是社会得以和谐发展的基本保证。因此，班主任在进行个别教育时，应把保护学生的权利当作衡量自己教育行为人道与否的伦理底线，在选择教育内容、方式和方法时切实保障学生的权益。

2. 因材施教原则

因材施教原则，是指要针对学生的个别差异和特点，实施不同的教育。每个学生心理的个别差异既是教育的结果，也是教育的一种条件。只有针对学生的不同特点采取不同的教育措施，才能取得好的教育效果。

因材施教是中国教育的优良传统，也是个别教育的一项重要原则。班主任在班级管理中若能针对学生的不同特点，采取不同的教育方法和管理方法，就能发挥学生的最大潜力，并在班级管理上取得事半功倍的效果。但如果无视学生的个别差异，用模式化、一律化的方式教育学生，不仅达不到预设的教育效果，还有可能阻碍学生的发展。

贯彻因材施教原则的基本要求是：

（1）深入了解学生的个性特点和内心世界。了解学生是教育好学生的前提和基础。班主任对学生的知识水平、接受能力、学习风气、学习态度和每个学生的兴趣、爱好、知识储备、智力水平以及思想、身体等方面的特点，都要充分了解，以便从实际出发，有针对性地教育。

（2）根据学生的个性特点有的放矢地进行教育。每个学生都有自己的性格特点，班主任应针对学生的个性特点，提出不同的要求，分别设计不同个性特点的学生成才的最优方案。

（3）扬其所长，因势利导。寸有所长，尺有所短。每个学生身上都存在优点和缺点。班主任顺着学生的特点，把学生的积极性和志趣引导到正确的方向上来，才能取得良好的教育效果。

3. 平等原则

平等原则，是指在个别教育过程中，一方面要建立平等的师生关系，另一方面要求班主任对每一个学生平等相待。前者主要指班主任与学生群体的平等，后者主要指班主任与学生个体的平等。

贯彻平等原则的基本要求是：

（1）建立"对话式"的师生交流方式。这里的"对话"不是我们平常意义上的说话，而是指主体双方从各自的理解出发，以语言为中介进行平等的交流，以促进主体双方相互理解和合作的一种交往活动。对话关系不仅表现为一种言语交流，更重要地体现为师生双方在对话中将内心感情世界面向彼此敞开和接纳，是双方共同在场、相互吸引、相互包含的关系，对话更多的是指双方的相互接纳，共同分享。

"对话式"师生关系的建立要求教师完成角色的转变，由传统的拥有至高无上权威的"社会代表者"转变为新课程所定义的"平等中的首席"。不要把学生看成是年幼无知的人，用自己的权威迫使学生接受规训。在日常交往中，要制造一种平等、轻松、愉快的氛围，给学生表白的机会，允许学生的申辩与反驳。只有这样，学生才愿意打开心灵的窗户，与老师坦诚交流。师生间的真正意义上的平等才有保障。

（2）要面向全体学生。这里强调的是机会均等的问题，班主任要有计划地安排与每个学生个别接触，一对一地进行沟通交往。不仅要照顾到"后进生"和"优等生"，而且要关注"中等生"，使个别教育成为每一个学生都能享有的权利和机会。

（3）要公正地对待每个学生。平等，并不是指名义上的或形式上的平等，不仅仅是给每一个学生以平等的机会，还要让所有的学生都得到公正的教育。所谓公正，是指公平正直，合情合理，没有偏私。教育是一个特别需要公正的领域，因为受教育者是一个家庭、一个社区、一个民族、一个国家未来的希望所在。把公正丢失在受教育者心间，所带来的后果便是不公正现象的严重蔓延和越来越多的人对社会的失望和报复。

第六节　个别教育的方法

班主任对学生进行个别教育的方法有谈话法、契约法、家访法、在线互动法、学生成长导师制等方法。

1. 谈话法

谈话法是教师使用最多也是最方便的方法，即班主任用语言对学生晓之以理、动之以情，提高学生的思想认识，帮他们分析学习、交往等方面的现状及其原因和解决问题的方法。师生之间的个别谈话是师生面对面的思想交流，也是双方直接的情感碰撞。对可塑性极强的学生来说，一次成功的谈话会给学生留下深刻的印象，会真切触动学生的情感脉搏，给学生以启发、鼓励。反之，也可以使学生消沉、迷惑，甚至一蹶不振。

班主任与学生个别谈话要取得良好的效果，应符合以下基本要求：

（1）时机要恰当。人在不同的环境，不同的气氛中，会产生不同的心境。因此，选择好谈话的时机，才能取得最佳的效果。以下情形是最佳的谈话时机：①学生有进步时。这时学生渴望被肯定，班主任在谈话时肯定并鼓励他们，学生往往能敞开心扉，接受老师的教育。②学生有异常时。一般来说，学生的情绪、态度、行为与平时有异时，往往预示着一些不平常的事会发生，此时班主任及时与学生谈话，能很好地帮助学生处理成长中的问题。③学生有困难时。学生在生活、学习和家庭等方面遇到困难或意外时，教师如能及时找学生谈话，了解情况，帮助解决困难，哪怕是帮助做一件事，学生都会感激不已，甚至终生难忘。

（2）环境要适宜。谈话场合影响人的心理情绪，对语言交谈有诱发作用和暗示作用。恰当地选择、驾驭和利用环境，是谈话成功的重要保证。班主任面对不同的学生或处理不同的事情，要注意选择对谈话有利或适宜的环境。如教师单独地对学生进行批评和告诫，会使学生感到教师爱护自己，给自己面子，从而会较好地接受教师的教导。教师在宿舍里与学生无拘无束地交谈，会使师生间的感情融洽。与一个腼腆学生的个别谈话，就不宜在有很多教师的办公室里进行。

（3）态度要真诚。在进行个别谈话时，班主任真诚的态度不仅有利于消除学生的紧张和顾虑，而且可以避免产生不必要的隔阂和对立情绪。同时，也会使学生感到教师对他的关怀与爱护，从内心萌发和增强对教师的尊敬和信赖。

2. 契约法

有些学生的问题不是认识问题，而是意志或行为习惯问题。在这种情况下，即使老师经常情真意切地讲道理，换来的也往往是"虚心接受，坚决不改"的结果。这时，班主任还可以通过契约法来帮助学生克服不良行为。

契约就是双方经过谈判，共同同意的一种对双方均有约束力的约定。它可以是口头的，也可以是书面的。

使用契约法时，班主任要注意几点：

（1）契约必须由协议双方共同制定。而且，应是学生自愿签订契约，千万不能勉强学生。

（2）奖惩的内容必须是双方都能接受的。奖励应就学生本人特别想要的结果提出，这样才有行为的动力；而惩罚必须是学生最不想得到的和最不愿接受的，这样才有约束力。

（3）契约的执行必须坚持到底，执行契约要不折不扣，客观公正。在契约执行过程中，班主任要严格监督，对学生做的情况进行及时的评价；发现契约有需要改进的地方，要在师生双方同意的情况下及时修改契约。

3. 家访法

班主任工作中有一项重要的内容，就是要走访每一个学生的家庭。学生的个性形成与家庭的关系最为密切，通过家访并结合学生在校内的表现，班主任才能对学生有一个较全面和正确的认识，才能有的放矢，因材施教。

家访要取得效果，班主任要注意以下事项：

（1）要有准备。家访要与其他工作一样，有明确的目的，不能流于形式。家访前，班主任首先要认真细致地思考此次家访要达到什么目的，如何达到这个目的。家访前，班主任一方面要对家访学生的在校表现、各科学习、兴趣爱好、习惯、优缺点等了如指掌，以便家访时能信手拈来，提高家访的实效；另一方面，要了解一些学生家庭的情况，如学生父母的职业、受教育程度等，以便找到谈话的切入点和共商的基础。

（2）对家长要尊重。家访绝不是为了向家长转移教育任务，而是为了和家长取得联系，针对学生的不同性格和特点，共同寻求最合理的、最科学的方法，使学生健康成长。因此，班主任在家访时必须尊重家长，虚心听取家长的意见。不要居高临下地对家长教育孩子的方法指指点点，更不可一味把学生的问题归罪于家长。班主任尊重家长才能让家长感受到教师的良苦用心，从而从内心接纳班主任。

（3）对学生要多鼓励。在家访中，班主任对学生要多鼓励少指责，在肯定学生的基础上指出学生的问题。特别是那些有多种缺点且学习成绩差的学生，因其本身就有一种畏惧、羞愧、自责的心理，他们希望得到老师的鼓励和关怀而不是指责。如果在这种情况下，老师不去肯定他平时的优点，而是一味指责他的缺点和错误，向家长"告状"，无疑是雪上加霜，这会使学生产生逆反心理，使师生的感情产生裂痕，不但会影响家访效果，还会影响以后的教育和转化工作。所以，班主任要把他们身上的闪光点向家长汇报，使家长体会到老师对自己的孩子做到了客观和公正，使学生感觉到老师对自己真心实意的关心、爱护。在此基础上，指出学生存在的缺点和不足就更容易被学生接受和认同。

4. 在线互动法

进入 21 世纪，数字化、网络化、信息化改变了人们的生产、生活方式和思维方式，互联网凭借其时效快、方便、经济等特点，迅速成为人们了解世界、掌握信息的主要渠道之一，越来越多的人习惯从"网上"获取信息。"上网"已成为人们日常生活的一部分。受这种潮流冲击，校园网民日益增多，甚至已发展成为规模庞大的"网上大军"。网络是今天的我们无法回避的虚拟现实，班主任应把网络作为个别教育的阵地，如利用电子邮件、QQ 做学生的思想工作，并加强与家长的沟通。

5. 学生成长导师制

学生成长导师制是以一对一的方式，由导师根据学生学习、生活等方面的需求，给予学生个别指导，以提升学生的一种方法。导师可由班主任或科任教师担任，具体职责为思想引导、学业辅导、生活指导、心理疏导。导师根据自身特长及受导学生不同时期的特点，或与之面对面谈心，或借助电子邮箱、周记、书信、手机短信、活动、QQ 等各种载体与受导学生进行交流。

第九章
开发整合社会教育资源

　　许多班主任都在感慨，学校的教育资源实在太有限了，对学生的教育缺少硬件和软件上的各种支持。面对学校教育面临的问题，班主任真的是无能为力了吗？实际上，每一位班主任都有充分运用与开发社会教育资源的能力与机会。

　　在急速发展变化的社会里，特别是科学技术对我们生活的影响日益加大，班主任必须充分开发和整合教育资源，才能变被动为主动，才能开启教育智慧，发掘教育潜力，成为一个真正的专业工作者。

第一节　社会教育资源的使用原则

可以看到，在网络时代，在一个开放的社会里，教育资源日益丰富，问题是班主任能不能有效地利用这些条件，开发与应用这些丰富的社会教育资源，真正发挥其教育效能，促进学生的健康成长。

相对学校教育资源来说，社会教育资源的可控性较弱、易变，教育的积极因素与消极因素并存，有时就是一把双刃剑。面对丰富的社会教育资源，许多班主任也会充满活力地迎接，却发现世界太精彩，有时会有不知从何下手的感觉，运用时还会不得要领，似是而非，如同面对各种诱惑的猴子一般。运用社会教育资源，特别是要达到活用这一境界，班主任需要遵循以下几个基本原则。

1. 教育目的性原则

社会教育资源是丰富的，也是多变的，面对这些，有些班主任会因此不知如何选择；有些班主任会在选择后因社会教育资源的多变性、立体性而迷失了教育的初始意图。因此，班主任在选择社会教育资源时，一定要明确真正的教育目的是什么，并将这一教育目的贯彻始终，不能背弃。

2. 系统性影响原则

相对于学校教育资源来说，社会教育资源的可控性相对比较差，但对人的影响却是立体的，甚至是全息的。因此，利用社会教育资源时，一定要注意其系统性影响。

从不同的角度看，任何的社会教育资源都可能是积极的教育因素，也可能是消极的教育因素，例如，以网络资源为例，从有效收集教育资料、开阔学生社会视野的角度看，网络资源是积极的因素，但从学生沉迷于游

戏的角度看，网络资源又是消极的教育因素。因此，教育工作者应该做到：正确、客观地理解并掌握社会教育资源的两重性；注意利用其积极因素的影响而尽力避免消极因素的影响；学会化消极因素为积极因素，并善于发现积极因素。

3. 时机性原则

社会教育资源往往是多变的，随着时间的推移，社会形势的改变，社会教育资源的属性、功能都在发生变化，因此班主任要善于捕捉教育资源的特性，把握最好的时机，这样才能把资源运用到最佳的状态。例如，在开世博会之前或世博会期间，民众对世博会都十分期待和关注，这时候向学生们讲爱国主义在日常行为中的表现就比较容易让学生理解和接受，世博会前后许多社会事例与生活事例都可以让学生对此有深刻的认识。

4. 活动性原则

仅有好的社会教育资源，没有良好的教育方式、方法也是没有用的，要用活社会教育资源，特别需要以活动为依托。大部分的社会教育资源都存在于社会生活中，与学校生活有一定的距离，教育工作者关起门来，是没办法让学生直接接触到的，更别谈切身感受。真正用活社会教育资源，教师就应该组织相关的活动，带领学生们走出去，深入社会第一线，或做调查，或亲身参与，以获取最真实的感受。

第二节　社会文化资源的开发

　　社会文化资源主要指体现人类文明的社会精神力量与承载人类文明的公共设施体系。这既包括各种各样的社会思潮、舆论、风俗以及相关的历史故事、传说、文本，也包括承载与体现人类文明的各种公共设施，如博物馆、美术馆、公园、广场、图书馆、娱乐设施等。不同的社会状态，其拥有的社会文化资源是不同的。

　　社会文化资源体现着强烈的文化价值，它既有意识形态的一面，又落实到具体的物质层面。社会文化资源可体现为社会性事件、社会思潮和社会舆论、社会文化活动、社会典型人物。

1. 社会性事件

　　社会性事件是指社会生活中发生的事。社会每天都会发生这样或那样的事情，这些事情的背后都与社会中各种人际关系状态、社会价值观、社会行为方式、社会制度等联系在一起。透过对社会性事件的了解，班主任可以帮助学生了解社会、认识社会，提高学生对社会的适应能力。

　　从范畴上看，社会性事件可能是本地事件，如某地社会公益性的活动；也可能是全国性事件，如神舟七号载人航天飞船升空；也有可能是世界性的事件，如国际性的一些争端、金融海啸中各国政府的反映、各国民众的心态等。

　　从性质上看，社会性事件总是会以某个领域为核心出现，有可能以政治为核心，表现为政治事件，也有可能是经济事件、文化事件、科技事件、教育事件，也有可能是社会公益性事件。但许多时候，大型的社会性事件都属于综合性事件。

　　社会性事件是很好的教育内容。当然，将社会性事件作为教育内容，与学校性的教育内容是有所不同的，学校性的教育内容更强调学科性的内在逻辑关系，许多问题是虚拟的，规范是抽象的，感受是单一的，教师的引导更为重要。而利用社会性事件进行教育时，一定要强调受教育者的亲身体验，让学生们全方位感受，一般情况下是从具体生活事件出发引出价值观与态度，而不是灌输，更强调受教育者的主体性。

2. 社会思潮和社会舆论

社会思潮是指反映特定环境中人们的某种利益或要求并对社会生活有广泛影响的思想趋势或倾向。社会思潮有时表现为一定理论形态的思想主导，有时又表现为特定环境中人们的社会心理，是社会意识的综合表现形式。社会思潮就其广泛的群众性而言，同习惯力量有相似之处，但它不像习惯力量那样牢固和持久，它变动不居，具有易逝的特点。在社会大变动时期，往往一种思潮涌来便会迅速传播开去，接着又会很快被另一种思潮所取代。以是否促进社会发展进程为标准，社会思潮有正确和错误之分。

社会思潮不是单纯地对社会生活、社会矛盾的被动反映，而是一种能动的、起着巨大冲击作用的精神力量。它一旦影响了广大的社会成员，便会转化为影响社会发展并给人们以直接冲击的物质力量。青少年具有敏感的特质和时代触觉，比较容易受社会思潮影响，如果受到有利于社会发展的社会思潮影响，教育就会起到事半功倍的作用，相反，则会进一步阻碍教育的开展。

社会舆论则是社会多数人的意见，所反映的思想观念和行为方式较之其他意见具有压倒性效力。它常常有形无形地构成公众看待问题的"正常的"价值规范和行为规范，并可能形成相应的社会风气。它对公众心理的影响主要表现在压力作用和强化作用两个方面。社会舆论往往会对公众个体形成强大压力，导致公众形成心理趋同倾向。

社会舆论本质上属于社会意识形态，是社会群体或组织机构对社会生活所表达的具有一定影响力和约束力的言论，是影响人们思想行为的基本要素，是社会变革的重要力量，也是了解社会主流价值的主要途径，本身具有强大的教育作用。一个学生可能会不理会老师的教诲，但如果他感受到这不仅是老师的要求，更是其他人的共同要求时，他往往就会愿意接受这一要求了。

无论是社会思潮还是社会舆论，以此引导学生接受影响时，教师必须进行有效的引导，既要做好判断与选择，又要进行适当的合理分析，特别要避免喊口号式的讲授。此类教育一般宜以某些活动或社会调查为载体。

3. 社会文化活动

社会文化活动是指社会生活中各种各样的文化活动，如电视、艺术演出、文化展览、艺术节、博览会、社会性文化讲座、运动会等。社会文化活动一般体现社会主流价值，大多数由主流性的社会组织组成，形式上活泼、生动、多样，效果上具有强烈的感染性。

社会文化活动具有较强的教育功能，从内容上看，不仅培养学生的艺术（体育）文化和气质，有效形成社会的主流价值观念，而且从中也可以进一步认识社会的群体性特点，提高学生参与群体性活动的意识、兴趣和能力，是培养学生现代社会生活意识和能力的最佳途径之一。由于这些活动活泼、生动、多样，往往也是学生最乐于参加的社会性活动。

各类社会文化活动总是以一定的物质空间为载体的，例如，看电影是在电影院，艺术演出是在剧院，艺术展览是在艺术馆或博物馆等，这些场所往往有社会不同阶层的人，发生着各种各样的社会活动，产生不同的社会交往，这些都是青少年了解社会、形成良好社会行为的最好教育资源。

许多人都有这样的感觉，城市的孩子跟乡村的孩子在气质上总是有所不同，城市的孩子显得更灵动一些，比较容易适应社会活动，这跟城市孩子有更多机会与人群接触，更多参与社会活动有着密切的联系，因为在这些充满艺术气氛的场所里，孩子们会有自己乐意的方式接受这些艺术影响，然后过滤化为自己的价值、态度和行为。

4. 社会典型人物

社会典型人物，是指在社会生活中能够代表一定的社会价值观、社会生活方式以及社会行为的人物。

　　由于社会典型人物在社会生活中能够代表一定的社会价值观、社会生活方式以及社会行为，因此，在社会生活中具有独特的范例作用，也是青少年崇拜和喜欢模仿的对象。青少年喜欢以某位娱乐明星作为偶像，就是因为明星在社会价值观、社会生活方式以及社会行为等方面能够为青少年将来的生活提供某种范式，并被青少年所认同和追求。

　　班主任要认识到，利用社会典型人物引导学生学习正确的社会价值观，建立良好的社会生活方式，使之具备符合社会规范的社会行为，这不仅要比刻板的教条式的讲授与叮嘱有效得多，而且容易被青少年所接受。事实上，许多事业成功的人士回顾成长的经历时都谈到了同一时代社会典型人物对自己的影响，因为目标明确，形象与行为具体，这种影响往往是强烈的、激励性的。

第三节　社区资源的开发与应用

我们把学生生活的周围环境称之为社区，社区所拥有的教育资源就是社区资源，主要包括学生的家庭教育资源、社区内相关的社会组织与团体（青年团、妇委会、街道、科委、关工委）、社区物质环境、社区各种文化活动、社区的文化传统与习俗等。

社区资源是学生最为熟悉和亲切的环境，相对其他两种资源来说，可控制性相对较强。由于每天都生活其中，环境具有一定的亲和性，学生也容易接受其影响。

社会性资源与社区资源的差异在于影响面不同，社会性资源往往首先是社区资源，但社会资源对社会的影响面更广泛、影响力度更深刻、影响时间更持久。而社区资源的影响性往往要小一些，可控性相对强一些。

如果说，面对社会性资源，由于其可控性较低，教育工作者往往只能用"借"来实现教育目的的话，那么面对社区资源，教育工作者则可半"借"半"营造"，而学校内的教育资源就应该用"营造"来实现教育目标。

1. 学生的家庭教育资源

学生家庭具有丰富的教育因素，家长的生活经历、职业生涯，家长的个性、文化水平，家庭的文化氛围、情感状态，家庭的生活环境，以及家族其他成员的生活经历、职业生涯、个性、文化水平以及情感状态等都是学生成长中不可或缺的教育资源。

许多班主任反映，对于一些学习成绩欠佳、品行欠佳的学生来说，家庭往往不是起正面的教育作用，反而起负面作用，甚至成为学生成长的主要障碍。其实，这恰好说明两方面问题：一是家庭教育资源是把双刃剑，既可能给予学生正面的影响，也可能给学生成长带来负面影响；二是说明学校教育如果没有利用好家庭教育资源，就有可能产生事倍功半的后果。

对于家庭教育环境不甚理想的家庭，教师有必要作一定的指导，这种指导最好是既面对家长同时也面对学生，但有时候也可以只对家长，或只对学生。要做好家庭教育资源的开发应注意如下几方面：

（1）情感因素是家庭教育资源中最重要的资源，许多成功的或失败的案例都与情感因素有关。

（2）注意利用家庭或家族内的积极因素促进学生自信心的提高，向积极的因素靠拢。

（3）家庭中的消极因素也是重要的教育资源，教师通过适当的引导、比较与分析，家庭的消极因素完全可以成为孩子成长的参照物，起到警示的作用。

（4）沟通是利用家庭教育资源的基本途径，也是获得家庭教育资源的重要手段。

2. 社区内相关社会组织与团体

在中国，社区内都存在着一定的群众性组织与团体，如青年团、妇委会、街道、科委、关工委，这些组织与团体任务不一，但都以青少年为主要的工作对象。这些组织不但有一定的财力、人力，还有一定的社会物质资源控制力和社会关系资源的控制力。这些是除学校以外最值得学校教育工作者利用的教育力量。

对于这些组织与团体，许多学校和教师相对比较被动，总是等别人上门，这实际上是等于放弃了这部分的资源。作为一个现代教师应该积极主动地利用这部分资源为学校教育服务。要活用这部分资源一定要注意如下几方面：

（1）要清楚各个组织的特点和主要工作方向，这样才能有针对性地将本身的教育内容与社区组织、团体的工作内容结合在一起。

（2）在与这些团体联系时，最好能够有比较详细的工作方案，列明活动的目标、意义、内容、主要途径和主要组织形式，需要社区组织与团队哪些帮助等。这会使这些组织（团体）感受到你的诚意与认真，他们也可以根据你的工作方案向上级汇报和讨论，这样才容易加大合作。

3. 社区物质环境

无论是一般社会成员还是以教育为职业的教育工作者都日益重视生活社区的物质环境，良好的、优美的社区环境本身就是最自然的教育力量。许多班主任可能会这样想：社区物质环境不是学校或教师可以改变的，如果学校或学生所处的社区物质环境不理想，那么社区物质环境还可能是教育资源吗？

根据现代资源论，良性的事物是教育资源，不良的事物也可能是教育资源，关键在于你怎么活用。如果我们面对的是一个不良的社区环境，我们可以带领学生参观优良的社区环境，然后与学生共同商议为什么我们不能有一个良好的社区环境，改变社区环境我们究竟可以做些什么，还可以鼓励学生思考以自己的力量如何为社区环境作贡献等。

4. 社区各种文化活动

在现代社会里，社区是否有足够的文化活动是衡量社区是否达到现代化的重要标准之一，因此，越是现代化的社区，就越会举办各种各样的文化活动以形成和谐的社区文化，促进社会和谐发展。

社区文化活动是社会文化的一部分，是在大文化观念指导下进行工作的、超越了社会各组织间的隶属关系，突破了以条条为主、封闭式的传统文化工作格局，以文化馆、图书馆、影视厅、体育活动室等群众为一体的开放型社会文化活动，是社区居民的精神支柱和社区吸引力、凝聚力与活力之源，基本特点表现为管理方式的开放性、组织上的网络性、服务类型的多元化及本质特征上鲜活的乡土性。

社区文化活动是群众性的活动，既能反映社区群众的人文精神、艺术气质，又能促进社区良好的人际关系，增强社区群众间的沟通与往来，其本身就是最好的、最贴近生活的教育资源。学生参与其中，通过耳濡目染自然形成相应的品质与行为。

5. 社区的文化传统与习俗

社区是一定地域范围内的人们所组成的社会生活共同体。从这个定义出发，社区既是人的聚居空间，更是人的交往空间，不仅是物理意义上的固定空间，更是心理意义上的交往空间。随着城市化进程的加快，社区作为城市的基础、社会的细胞，将越来越成为人们生存与发展的主要空间。

任何社区都会在历史过程中或者在重大的社会事件中逐步形成自己独特的文化传统与习俗。社区的真正本质是社区精神，社区建设的核心点和难点是社区精神的培育。社区精神通常是指社区居民在一定历史阶段集中表现出来的主导性总体风貌，包括居民的思维、观念、心态、道德、风尚等。学生受到社区精神的影响，就更容易形成"向上、向善、向美"的情操，还可以培育学生的现代公民意识。

6. 社区内典型的人物或事件

与社会性的典型人物或事件相比，社区内典型人物或事件，对于青少年来说，具有更大的真实性、亲和性、可感受性和可模仿性。班主任可利用社区内的典型人物或事件引导学生思考其中存在的社会价值观、行为方式、社会态度和情感，从而形成与社会要求相适应的社会价值观、行为方式、社会态度和情感。运用此类资源时要注意如下方面：

（1）选择的人物或事件必须符合教育的目标。教育过程中一定要抓住目标而开展，不要被其他的枝节所左右。由于社区的人物往往是立体的、全息的，每个人物都可能存在着一定的优点和缺点，而且都容易被社区的人们从不同的角度感受到，而班主任无法在短时间内对一个人进行全方位的解剖，所以教育时必须进行理性分析并突出重点。

（2）一定要作客观的、理性的分析，切忌夸大其优缺点。因为社区内的人物或事件是大家有目共睹的，如果进行教育时有所夸大，就可能因此失去学生的共鸣感和价值认同，因此，班主任一定要既肯定其优点，也要恰当指出其缺点，并作一定的分析，那么学生才会知道什么才是应该学习的，学习某一点不等于学习所有。

（3）对于社区内典型的人物或事件，可以随时随地进行学习，这样，学生会有最深刻的感受，也容易感同身受。

（4）无论是人或事，教育的目的都不是针对某个人，都不是以评价某个人好坏为目的，关键在于如何通过这些人或事，从中学习一些社会经验，了解社会规范，使之能够获得成长。

第四节　网络资源的开发与应用

网络资源是指利用计算机系统，通过通信设备传播和网络软件管理的信息资源，即通过网络可以利用的资源，具体地说是指所有以电子数据形式把文字、图像、声音、动画等多种形式的信息存储在光、磁等非纸介质的载体中，并通过网络通信、计算机或终端等方式再现出来的资源。班主任可以利用的网络资源，主要有以下几类。

1. 各种信息交流平台

在我国，网民一般使用 QQ、论坛等进行信息交流，其中 QQ 更是中小学生最喜欢使用的交流平台。

QQ 是一款即时通信软件，人们可以使用 QQ 和好友进行交流，即时发送、接收信息和语音视频面对面聊天，功能非常全面。此外 QQ 还具有与手机聊天、共享和传送文件、邮箱、博客、备忘录、网络收藏夹等功能。它是国内最为流行、功能最强的即时通信软件。

论坛即 BBS，也就是"电子公告板"。通过 BBS 系统可随时获得国际最新的软件及信息，也可以通过 BBS 系统来和别人讨论计算机软件和硬件、因特网、多媒体、程序设计以及医学等各种有趣的话题，更可以利用 BBS 系统来刊登各种启事和信息。

这类的信息交流平台对于传统的学校教育来说，是一个新的挑战。最大的挑战在于，它打破了教师控制所有信息资源的状态，从而也削弱了教师对信息的知情权。以前，教师拥有学生成长过程中最大的信息资源控制权，无论是社会上发生的事，还是学校班级发生的事，都先由教师裁判后再以教师的角度重新演绎给学生。在网络时代，教师往往成为许多信息的最后得知者，因此也没法以先知的角色自居，教育工作容易被动。

当然，信息交流平台的出现，更主要的是为学校教育工作提供了新契机，为教师与学生沟通提供了多样化的途径。许多不适合当面用语言表达的教育内容，可以通过文字或图案表达，并且不受时间和场所的制约；教师可以通过信息交流平台，如通过 QQ 群了解学生的真实思想、校外作息状态等；信息交流平台还可以是学生情绪的宣泄场，学生在学校中的一些负面情绪和问题可以通过平台得以宣泄和解决。当然，要发挥信息交流平台的教育功能，前提是班主任能够熟练运用这些信息软件和工具。

2. 资料性网络资源

互联网时代使各类信息迅速传播，使人们以最快的速度掌握最多的信息资源，这为学校教育提供了极为丰富的教育资源。以往教师总是通过黑板、纸张、表情与语言来反映现实世界，这使丰富多彩的世界变得单调乏味，教育的影响力相对较差，教育活动也因此受到制约。

在信息和网络时代，这一切都发生了极大的改变，教师可以通过图片、音乐、文字、图案、视频等极富表现力的符号，演绎不同时间、不同空间、不同角度的现实世界，教育的表现力丰富了许多，教师可以利用各种资料来表达自己的见解、情感和行为。

3. 博客、播客、微博、个人网站、邮件组等情感营造园地

网络时代，人们还可以通过博客、播客、微博、个人网站、邮件组等公开表达自己的情感、生活状态以及个人见解，使人与人之间得到更多的交流，获得更丰富的生活体验。从这一角度看，博客、播客、微博、个人网站、邮件组都是重要的教育资源，教师通过博客可以把自己的思想和对教育行为的反思表达出来，以得到学生们的理解与共鸣，增强教育的合力；教师还可以发动同学们制作本班的网站，借助现代信息技术营造班级文化，增强班级的凝聚力；教师还可以将同学们关注的问题放到网上让大家进行共同讨论，这种网上讨论与课堂上的讨论又有一定的差异，也会带

来不同的教育效果。

　　总之，面对网络时代的来临，每一位班主任都应该主动迎接，利用现代科学技术提高教育工作的实效性。在一个资源丰富的时代，最适合班主任寻求突破，实现创新，体现教育个性。

第十章

建立学生评价机制

　　评价作为具有导向性的一项工程，对学生的品德修养、学业成就及行为习惯各方面有着指导性意义。而班主任作为与学生亲密接触的重要他人，在对学生实施评价时的认识观念、策略方法等都直接影响着学生的自我认识，制约着学生发展的空间及成长的轨迹。所以，班主任确立正确的教育评价观，并在此基础上建立科学合理的评价机制，在今天的学校教育中显得至关重要。

第一节 确立全面发展评价理念的意义

评价作为促进学生发展的一种有效机制，在学生的成长过程中起着举足轻重的作用。然而，今天的班主任在对学生实施评价的过程中，仍然存在这样或那样的问题，使评价不能发挥其应有的促进作用，有的甚至损害了学生的自尊心，打击了学生的积极性。因此，在探寻评价的理念时，对班主任实施评价过程中存在的种种误区值得关注。

现阶段班主任对学生的评价过程，主要存在以下几个方面的误区。

1. 评价以分定论

在应试教育的体制下，学校的评价内容并非全面考察学生的德、智、体、美、劳，以及非智力因素等各项内容，而是将评价内容窄化为其中某些方面，甚至某一方面。往往是以分定论，以智代德，单一地追求学习成绩，偏重学生的学习和遵守纪律情况，仅仅把学习成绩好、遵守纪律、肯听话的学生看作是好学生；以考试分数为标尺，将学生分为"好、中、差"三等，认为优等生就是"理想的、有希望"的学生，而分数低的学生就是所谓的"差生"，即没有前途与希望的学生。

2. 评价存在主观主义

有些班主任对学生的评价往往主观臆断，在对学生的评价中存在主观主义的成分，使评价失去客观性。如存在第一印象、晕轮效应等，导致以偏概全、以点带面。这与班主任自身的认识水平、文化素质、品质修养和对学生的了解程度是紧密相连的。

3. 评价缺乏针对性和指导性

班主任评价效力不足的主要原因在于缺乏针对性和指导性，反映不出学生的个性特点。习惯的做法是将政治思想、道德品质、学习情况、守纪情况等方面简单相加来评价学生的优缺点。这种评价的内容单一，大同小异，忽视学生的个性。评价工作往往是公式化的走过场，千人一面，缺乏深度，不能做到因人而异。评价所用的词汇大多笼统，大而化之，缺乏针对性，因而难以起到激励学生的作用。

4. 评价成为奖罚

评价不是目的，而是促进学生发展的手段，具有诊断、鉴别功能。因此，更要针对评价提供一些可发展性的针对性策略。但是，在评价过程中往往容易本末倒置，奖罚成了评价的目的，总是在评某些奖学金或是荣誉称号时使用评价，而评价又自然而然地与奖罚连为一体。

这种评价观念忽略了评价所具有的促进学生发展的功能，不但不能给学生发展带来任何动力，反而更容易让学生产生唯奖是从、唯荣誉是从的心态。这严重地阻碍了学生潜能的开发，同时也异化了教育目的。

5. 评价缺少发展性

班主任如果对学生了解不深入，容易用固定不变的眼光评价学生，只重视学生的历史、现实表现，而不注重对学生潜力和发展过程的分析，评价总是停留在以往的认识中。这种评价，实质上只注意了学生的静态表现，而忽视了学生的动态发展。学生某一段时间的表现只是整个教育过程中的一个片断，而不是全部。因此，这种静态的成见式的评价是十分有害的。

那么，确立全面发展评价理念，有着怎样的意义呢？

1. 有利于推进班级的可持续发展

学生的发展性与差异性已经越来越被人们所认识并给予极大的重视。班级是由一个个活生生的学生个体组成的，也是各种差异与个性的集合体，这容易给班级管理带来一定的难度。所以，以怎样的眼光评价与看待学生，是班主任工作成功与否的基础，也是影响班级可持续发展的前提条件。

确立全面发展的评价理念，可以使班主任多角度、多层次地认识学生，将智力因素与非智力因素结合起来，关注学生的整体性而非片面性。这样，有利于班主任调动全班的力量形成优势合力，促成班级的可持续发展；同时，在良好的环境氛围影响下，使每个学生在自己的优势区域获得充分的自信和发展。这是一个优秀的班集体良性互动的最好体现。

2. 有利于促进学生全面和谐地成长

一切教育工作的出发点都是学生，促进学生全面和谐地成长是每个教育工作者孜孜以求的目标。中小学生在自我认识、自我调控及自我意识上缺乏自主能力，一般都以他人的观点与意见来勾勒自己。在这种情况下，获得怎样的评价很可能直接决定着学生看待自己的方式及选择人生的轨迹。

作为学生的"重要他人"，班主任更是以强大的力量影响着学生。而评价本身具有导向、诊断与交流等重要功能，所以更好地运用评价，用发展的目标来彰显评价的意义尤为重要。

确立全面发展的评价理念，其实就是以宽容的态度对待学生，以广阔的视角审视学生，以足够的耐性等待其成长，关注学生的方方面面，从而最大限度地促进学生全面和谐地成长，这就是评价的意义所在。

第二节　如何确立全面发展的评价理念

在确立全面发展的评价理念过程中，班主任要始终坚持以学生为本，既关注学生的当前发展，又关注学生的未来发展。我们应当坚持一个"变"字，即变单一的评价要素为综合的评价要素，变单一的试卷考核为多种方法的综合考核，变单一的百分制量化为百分制与等级制并用、定量评定与定性描述相结合，变单一的终结性评价为以形成性评价为主的综合评价，变单一的教师评价为多方评价，变单一角色的评价为多种角色的评价。具体来说，班主任应该遵循如下几点。

1. 注重学业评价与非学业评价相结合

长期以来，班主任对学生的评价只局限在学业成绩上。这是因为，一方面，学校是以传递先进文化、传承人类文明为职责而建立起来的，学生在学校中首先是读书、识字、获取知识，因而应当获得学业上的肯定；另一方面，学业上的考评具有很强的可操作性，通过考试与考查可以给学生客观的分数或等级。

这种学业成绩决定论的评价标准占据着学生评价的主要位置，而且一直延续到现在。这是确立全面发展的评价理念最大的障碍物，影响着全面评价的实施与推进。

随着教育改革的不断深入，全面而多元的教育观念不断地渗透到教育教学的过程中。把学业成绩作为学生受教育过程中一项重要的内容确实必不可少，但班主任也不能忽视对学生发展状况、学习态度、知识掌握、身心健康、品德修养、意志情感等方面的关注，必须把学业评价与非学业评价结合起来。

班主任只有把学生置于一定的环境中，联系学生的家庭、学生的个性特点，把偶然的发现和经常的观察、书面的资料和现实的表现综合起来，经过"去粗取精，去伪存真，由此及彼，由表及里"的分析，才能摒弃以学业为主的一元评价观，实现对一个完整的人的评价。

2. 注重评价形式的多样化

在很长一段时间内，学校教育中的评价往往等同于考试，评价的结果就是考试后的结果，评价形式的单一已经到了苍白无力的程度。事实上，知识性的内容可以通过考试进行考量，但学生的行为习惯、个性品质等绝非一张试卷就能够得出结论，分数之间的差异也不能代表学生之间的差别。所以，班主任应该在评价内容多元化的基础上寻求形式的多样化，以准确而全面地对学生进行评价。

比如，班主任可以采用等级制与分数制、特长评价与评语评价相结合的形式，改变书面测试的单一评价方法。具体说来，第一，既要有形成性评价，在工作中随时发现问题，随时纠正；又要有总结性评价，工作一阶段结束后加以总结。第二，既要有分析性评价，又要有综合性评价。第三，既要有考查评价，又要有调查评价等。第四，既要注重对学生的定量分析，又要注重对学生的定性分析，即通过档案袋评定、素质报告单反馈、情境化测试、综合能力测查和观察等多种定性评价形式，真正关注学生的个体差异并有针对性地实施评价。

这样不仅能够增强评价的效力，更有利于促进学生的最优发展。下面介绍在班主任评价中经常用到的两种重要载体。

（1）成长记录袋。在国外，成长记录袋评价有多年的历史，其做法相对成熟。在中国，随着新课改带来的学生评价方式的改革，成长记录袋的评价方式逐渐移植到基础教育评价领域。但是，目前尚未形成统一的定义。

对于成长记录袋评价的性质与功能，国内学者达成的共识是：成长记录袋的基本成分是学生的作品，作品的收集是有目的的而不是随机的；学生是成长记录袋评价的主体，教师是评价的参与者；成长记录袋应关注学生学习与发展的过程，尊重学生的个体差异。

（2）素质报告单。素质报告单是学生评价的又一重要载体。新课改以来，素质报告单也在发生着变化。以往的报告单只是填满了考试分数的一张纸，现在却是关注学生的方方面面的一本小册子。这样的形式让学生兴致盎然，从而很好地在班主任与学生之间架起了一座沟通的桥梁。

3. 注重评价主体的多元化

班主任是评价的主体。因为这样的压力，班主任在评价中，有时候心有余而力不足，即便关注到全体学生，也难以顾及学生的各个方面。因此，班主任要充分利用身边的资源，整合多方的力量，将家长、任课老师、学生都团结到评价的阵营中来，形成评价的多元主体。

任课教师几乎每天都与学生接触，虽然只负责教学，并不涉及班级管理，但对学生还是有所了解的，容易站在教师的立场上审视学生。所以，他们的意见可以成为班主任在评价中参照的重要依据。

在班主任的评价工作中，让家长参与进来，可以疏通学校与家庭之间的信息渠道，增进彼此间的理解与合作，从而形成巨大的教育合力。通过评价，家长与老师更了解学生，对学生所实施的教育影响将更加深刻，评价的力量也得以彰显。

以往教师是评价的绝对权威，教师一人说了算，学生只是被动地接受评价。如今，评价的主体正在发生变化：除教师评价、家长参评外，学生自评也被列入重要环节。自我评价实际上是学生的自我认识与自我反省的有效途径。

学生对自身的评价不仅在于获得自我认识，更重要的是在认识的过程中不断反省自身，这也是学生成长的一项重要内容。自我评价有利于学生对自己的学习、纪律和行为习惯进行反思，有助于培养学生的独立性、自主性和自我发展、自我成长的能力。同时，还应当鼓励学生之间的互评，这有助于学生通过对比，找出差距，更清楚地认识自己。

当然，学生在自评与互评的过程中会遇到这样或那样的问题，班主任应该扮演指导者的角色，不断地创设机会让学生对他人和自己进行评价。例如，学生在评价时会产生思维定势，以学习成绩为唯一标准进行判断。

这时候，班主任要指导学生多角度、全方位地挖掘自身，发现他人。这也是学生成长的必修课。

多元主体评价模式在形式上保证了评价的全面性与多样性，能够从不同角度为学生提供有关自己学习、生活、情感、精神状态及发展状况等的信息，有助于学生更全面地认识自我、发展自我。

第三节 评价中应克服的心理负效应

确立全面发展的评价理念固然重要，但掌握科学规范的评价技术将帮助班主任更好地实施评价。科学规范的评价技术要求摆脱在评价中容易产生的心理负效应，将质与量的评价方式结合起来，以保证全面发展人格的培养，真正使评价成为促进学生和谐发展的有效途径。班主任在评价中应该克服的几种心理负效应如下。

1. 趋中效应

趋中效应是指评价者对评价对象既不愿对优者给太高的评价，也不愿给劣者以太低的评价，尽量缩小差距，向中间状态集中的心理现象。

班主任在对学生实施评价时很容易产生这样的心理状态，这主要缘于几种情况：一是对班级同学并无全面而深刻的认识，对学生的个性特点、行为习惯等没有形成应有的概念，这就使得评价缺乏针对性，只能模糊处理，一般用套话敷衍了事；二是平均主义思想作祟，不愿意承认差别，容易对优者严，对劣者宽，填平补齐，皆大欢喜。

这样评价，既失去了评价的意义，也容易使学生对自身认识产生模糊感，对老师产生不信任感，从而难以发挥评价的导向与激励功能。如果班主任总是这样对学生实施评价，那么评价将毫无意义。

2. 参照效应

参照效应，是指某些评价对象的"形象"影响着对另一些评价对象的印象的一种心理现象。其效应意义是指在某个较高"形象"的参照下，其他评价对象便黯然失色；相反，在某个较低"形象"的参照下，会反衬其他评价对象的熠熠生辉。这种效应也较普遍地存在于班主任对学生的评价工作中。

产生参照效应，是班主任在评价中将学生分门别类，并单纯地以比较的方法给出评价的结果。在通常意义上，班级中的学生以正态分布，优秀及相对落后的学生占少数，集中在中段的学生占大多数。中段的学生在各方面表现得既不突出，也不惹什么乱子，所以他们是较少受到关注的一个群体，也是参照效应的受害者。参照优秀的学生，他们往往处于劣势；参照相对落后的，又略显优势。这使得评价对于他们而言，总是在他人中寻找自己，缺乏准确性与针对性。

克服参照效应的关键，在于班主任不但要将学生放在集体中加以评定，更要将其视为独立的个体，从个体的独特性上给予有针对性的反馈。

3. 晕轮效应

晕轮效应，是指在观察某个人时，由于他的某些品质或特征非常突出，从而掩盖了对其他特征、品质的知觉和评价。也就是说，这些突出的特征起着一种类似晕轮的作用，使观察者看不到他的其他品质，从而由一点作出对这个人整个面貌的判断。这个效应在判断一个人的道德品质或性格特征时表现得最明显。

班主任评价学生，主要通过观察、交流及考察等手段。学生某些方面的突出表现，容易使老师失去对其他方面的关注。最为明显的，就是以学习成绩的好坏来概括一个学生的整体，这也是学校德育工作推进艰难的一个重要因素。

评价具有导向性，不但对被评价者，对被评价者周围的人也是一种有效的影响。如果班主任的晕轮效应是以成绩为标准而展开的，那么学生就会自然而然地接受这种以学习成绩论优劣的评价体系，不约而同地以学习为重，而忽略其他。学生在班主任对其评定中就会形成集体无意识，从而引起学生对自我认识的不全面，不利于学生全面和谐地发展。

晕轮效应的影响不仅作用于某个个体，更多地会在学生全体中引起反应。所以，在评价学生的过程中，班主任一定要杜绝这种片面的评价观，在不带个人偏见的基础上给学生公正而准确的评价。

第四节 评价中应遵循的几个基本原则

班主任在对学生进行评价时，应该坚持发展性原则、及时性原则、差异性原则、激励性原则、连续性原则、整体性原则和可行性原则。

1. 发展性原则

教育是一项发展性的事业，教育事业的一切工作都围绕着发展这一主题来展开，而评价作为重要的教育机制，在促进学生发展方面有义不容辞的责任。学生由入校到学有所成离开学校，需要经历不同的发展阶段。随着年龄的增长，学生由低年级到高年级，知识结构由掌握基础知识到掌握一定的专业知识，成为服务社会的有生力量。

学生的发展变化，要求班级的评价活动具备发展阶段性。分段进行的班级评价活动，既可以把握班级发展各个阶段的起点和基础，又为班级新一阶段的发展提供动力和目标，同时也为班主任的工作指明方向。

评价并非目的，不是区分出优、良、中、差就宣告结束。评价的目的也不在于说服他人对号入座，而是为了学生的不断发展。评价要为被评价者提供一个允许发展或者可能的发展空间，给予其朝着更优的方向发展的动力与信心。

班主任作为学生发展过程中的重要他人，在评价时所提供的意见与建议都将成为学生成长的重要辅助。因此，评价更多的应该体现多元、包容、发展的积极态度。有了这样的态度，评价的压力就会相对减弱一些，同时也给予班主任相对自由的空间，可以真正地参与其中，真正有创造性地开展评价工作。

如今，学校的教育教学评价已经在悄悄地发生着变化。单一的终结性的评价模式渐渐地淡出了历史舞台，而成长记录袋、学生素质发展报告单

等形式凸显着在评价过程中及时而适时的评价，体现着动态发展的主旨。

2. 及时性原则

评价必须具备及时性原则。评价要伴随不同的阶段不断地深入，学生身上的闪光点总是在瞬间展现，而这些闪光点很可能是个体最宝贵的品质的体现。班主任不能放弃对这些无法预料的情境的评价，这就要求在评价时注重及时性，即要及时地对学生的一些突发状况给予反馈，这样很容易抓住敏感点，评价也将收到意想不到的效果。

班主任及时地捕捉到了学生身上的闪光点，并很好地将其作为重要的教育资源加以利用，这是班主任的教育智慧的表现，也是班主任的用心之处。

当然，学生身上新暴露出的问题，也需要班主任通过及时地评价，在问题刚出现或是处于萌芽状态的情况下，及时地为学生指出问题，往往更加容易解决问题。

3. 差异性原则

世界上没有两片完全相同的树叶，而教育的主体——学生也是一样。每个学生都是一个独立的生命体，有不同的行为习惯、生活态度及个性特征，在不同的方面或彰显出优势，或暴露出缺陷。

这种差异是客观存在的。班主任要承认差异的合理存在，有差异才有活力，差异意味着丰富多彩，意味着兼容并包与优势互补。因此，班主任要善待差异，在评价中体现差异。

承认差异是一种良好的品质，而如果能够在更大程度上允许差异的存在，那对不同的学生而言，是一种莫大的鼓舞。这不仅可以使学生对自身优、劣势有清晰的认识，更能够增强学生的自信心与自尊心，在自己优势的方面不断地寻求发展，这才是教育面向全体的主旨之所在。

评价要让学生觉得是对他说的，而不是对大家说的。一些大而化之的普遍性评价，例如该生热爱祖国、关心集体等，缺乏针对性，缺乏个体性，从而失去评价的效力。

4. 激励性原则

评价作为一种信息反馈，对学生的行为有着重要的激励作用。在班级管理中，评价可以是多种多样的，有口头的与书面的、语言的和非语言的、定期的和随机的等。总的来说，运用评价激励时应该强化刺激，及时给予，才有激励效能。同时，更要注意评价的具体性，在细节处入手，达成与被评价者的认同与共鸣。

心理学研究表明，处于青少年期的学生在心理发展上尚不完善，他们乐于看到自身的闪光点被肯定。所以，班主任的评价要充满师情，体现爱心。要善于在学生身上发现湮灭在问题和缺点之中的闪光点和微小的进步，保护他们脆弱的自尊心，使他们点燃起自尊的火种，以获得前进的勇气和动力。

班主任在工作中要摒弃那种静止的、僵化的、一成不变的思维定势，用变化的、发展的、进步的眼光去看待和研究学生，要看到学生的长处，看到学生的未来，相信每一个学生都有多种发展的可能性。

只有坚持激励性原则，才能帮助学生认识自我，建立自信，促使学生健康成长。"教子十过，不如奖子一长"，花费很多时间和精力去苛求学生，不如用一点心力去发现其优点，并以此鼓励他，让学生体验成功的滋味。

学生在智力、品德、个性等方面往往存在着很大的差异，学生之所以为学生，主要在于他们的可塑性强，发展弹性大。作为班主任，要理解学生身上存在的缺点与不足，允许他们犯错误，不要因为学生犯了错误就大惊小怪，要摒弃那些急功近利，评价失当的做法。要倡导"四多四少"评价，即多一点赏识，少一点苛求；多一点表扬，少一点批评；多一点肯定，少一点否定；多一点信任，少一点怀疑。要善于发现学生身上的每一个"微不足道"的优点，以自然、真诚、恰当、温馨的语言予以赞美，让学生在激励的评价中受到鼓励，增强信心，明确方向，不断进步。

当然，激励性的评价不能过度，不能只报喜不报忧，这样容易引起评价的异化，这使学生觉得评价只是走个形式而无实质性的内容，以至于轻视评价，对评价不以为然。

5. 连续性原则

评价是一项长期的工程，是不断深入的持续性事业，是伴随着学生的变化而不断调整与修正的生成性活动。这就要求班主任以发展的眼光看待学生，以期待的心态迎接学生的成长。学生的成长是一个动态的发展过程。因而，对学生的评价应当在重视学生历史和现实表现的基础上，重视对学生潜能和素质发展趋势的科学分析，以确定教育的重点和方向。

在评价过程中，班主任应避免"重静态、轻动态"的做法，反对用老眼光看新问题。要注重学生的纵向提高，及时肯定学生的成绩，同时要坚持用发展的眼光看待学生的缺点和失误，科学地引导学生认识自己的发展潜力。

6. 整体性原则

学生是一个完整的人，是知、情、意、行相结合的统一体。所以，对学生的评价只有把握住整体性，才是真正意义上对学生个体的认识与尊重。而很多情况下，班主任在对学生评价过程中容易缺乏整体性，只在片面的层次上做文章，将整体的人等同于某个方面的人，从而使评价缺乏说服力和指导力。

当然，整体性的评价并不是简单地在各个方面罗列现象，而应该主次分明，有的放矢，体现针对性原则。在内容上应包括学生的思想品德、学习、劳动、社会生活、文体活动和人际关系等方面的表现以及发展情况。但是，具体到某个学生或是某个学生的某个阶段，则不必如此全面。如果能抓住一些实质性的、能体现学生特点的方面来写，则更有利于突出重点，更有利于学生发挥长处，弥补缺点。因此，对学生的评定切忌不分主次，面面俱到。

7. 可行性原则

在确定评价内容、方案和方法时，要从实际出发，分析需要和可能、有利和不利条件，全面衡量，周密审定，确定其可行性。

可行性是科学性的需要，是客观条件的需要。素质教育的可行性主要表现在"可比、可测、简易"六个字上。如对学生的思想品德的评价，不要仅仅定性地规定政治态度、道德品质、遵纪守法、学风等，还要有具体的可测标准，并尽可能做到量化。对于那些难以直接量化的指标可先采用定性评价，然后采用模糊数学进行第二次量化的方法，不要因为直接量化有困难而舍弃某些重要项目，影响评价的科学性。

第五节 学生评语的写法

学生评语是班主任对学生实施评价的一种重要手段，是定性评价的具体体现。心理学家威廉·詹姆士说过："人类本质最殷切的需要是渴望被肯定。"人人都有优点，教育中缺少的就是善于发现优点的眼睛。班主任要时刻关注学生的发展与变化，敏锐地发现学生身上的闪光点，这对激励学生发挥优势、避免劣势有着至关重要的作用。

苏霍姆林斯基说："教师要善于在每一个学生面前，甚至在最平庸的、在智力发展最感困难的学生面前，都向他们打开他的精神发展的领域，并使他能在这一领域中达到一个高处，显示自己，宣告大写的'我'的存在，从人的自尊感的源泉中吸取力量，感到自己并不低人一等，而是一个精神丰富的人。"这就决定了班主任对学生的评语不可过于笼统，而要温馨化、细节化、个性化。这也是教师自身人格魅力和内在修养的表现，体现了教师对人性的解读、对生命的真爱、对学生的尊重。

1. 班主任要写温馨化评语

温馨化评语就是用真实的、贴近学生的话语来评价学生。这种植根于现实生活的温馨化评语，会使学生感受到老师对自己的关注和爱护，从而使学生感受到生活的可爱，进而对生活充满希望和理想。

温馨化评语是一种尊重生命的表现，是用一种尊重生命的语言揭示生命的可爱、可贵和可敬，同时也揭示生命成长、发展过程中所存在的问题，更鼓励和引导学生勇敢地面对生活的挫折、压力和不如意，以及勇敢面对生活的挑战。只有尊重生命，才能真正尊重学生的人格，才能使学生树立起自尊和自信。

温馨化评语，一方面激发了学生的生命潜能，提升了生命的品质，捍卫了生命的尊严，使学生个体生命的价值得到了充分的体现；另一方面，认可了学生是一个个有血有肉、实实在在的个体，是有着生命理想、生命追求和生命憧憬的人，也是有着苦恼、烦闷和困惑的人。

2. 班主任要写细节化评语

实现对学生评价的细节化，要求班主任时刻关注学生，真正从细小处挖掘学生潜藏在内的特质。

班主任要在每个学期对四五十名学生进行评语鉴定，繁重的工作量容易使人产生倦怠感。于是，许多评语按照模子来，大同小异，既没有针对性，更缺乏细节描述。这种评语很难获得学生的认可，在学生发展与成长中也收效甚微。而有的班主任在细节处的细致入微，常常能够感动学生，让学生觉得真正地受到关注。

细节化评语容易获得学生的共鸣，容易实现与学生的沟通，同时会有效地获得学生的反馈，形成一个良性的互动系统，从而增强育人的效果。

3. 班主任要写个性化评语

每个学生都有自己的个性特点，正如美国教育家古德莱德所说："学生各不相同，其不同的程度远远超过了我们至今所能认识到的……学生是很难把握的。他们不会同样地成长起来。"

个性化的评语能充分体现每个学生的个性，具有很强的针对性、感染力和鼓舞性。要求班主任针对每个学生的性格特点、兴趣爱好和气质特点等，采用富有感情的、诗化的语言肯定学生的点滴进步和成就，并委婉地指出学生有待改进的问题，让学生感受到自己的独特，感受到老师对自己的关爱和殷切期望。

个性化的评语是通过对学生闪光点的挖掘和鼓励，使学生树立对学习、对生活的信心和勇气。它针对不同的学生采用不同的方式，不以学生的成绩作为唯一的评价标准，更关注学生的个性特点及心理的健康成长等。

班主任在写个性化的评语时，可以根据学生不同的个性特点和实际需要加以点拨，或鼓励，或希望，或委婉批评。一句平常话，一件平凡事，一个令人难忘的眼神，一次成败的经历等，都可以作为评语的切入点。